KB159819

나
혼자
영상
만들기

DaVinci Resolve 18
다빈치 리졸브 18

송택동 저

송택동 Song Taick Dong

서울교육대학교 외래교수 역임

교육인적자원부 음악교과서 집필위원 역임

서울시맑고밝은노래부르기 합창대회 1등

전국교육자료전 1등급 교육인적자원부장관 수상(푸른기장상: ICT음악교실)

ICT 활용 교구학습과정안 개발 최우수상(한국교원대학교 총장)

조선일보소년소녀합창단 지휘자 역임

한국어린이음악연구회 대표

자유기독학교(대안학교) 강사

저서: 〈나혼자 악보 만들기-뮤즈스코어(MuseScore)〉, 〈뮤즈스코어 뮤직메이킹(MuseScore Music Making)〉,
〈Finale와 ICT음악〉, 〈MuseScore 작곡 쉽게 따라하기〉, 〈시벨리우스7&뮤즈스코어(송택동 컴퓨터음악 따라하기)〉
음악교과서 수록곡: 우주자전거, 이슬열매, 고운꿈, 날개의씨앗, 대장간소리, 어여쁜친구, 나의친구에게, 소방차가족
Http://cs79.com (소리둥지)

DaVinci Resolve 18

다빈치 리졸브(DaVinci Resolve)는
초보자, 전문가 모두 무료 사용이 가능하며, 고화질로 카메라의 원본 화질 그대로 작업이 가능하다.
이미지를 불러와 자막을 넣고 배경음악을 넣어 영상으로 쉽게 제작하여 유튜브로 올릴 수 있다.

DaVinci Resolve Studio 18은 블러, 조명 효과, 노이즈, 이미지 복원, 피부 보정, 스타일러 등 100개 이상의 GPU 및 CPU 가속화 Resolve FX를 지원한다.깊이 지도(Depth Map) 및 표면 트래킹, 빠른 노이즈 작업과 페이지 작업이 수월하다.

DaVinci Resolve

Both beginners and experts can use it for free, and it is possible to work in high definition with the camera's original image quality.

You can easily upload an image, add subtitles, and background music to create a video and upload it to YouTube.

DaVinci Resolve Studio 18 supports over 100 GPU- and CPU-accelerated Resolve FX features including blur, lighting effects, noise, image restoration, skin retouching, stylers, and more. Depth map and surface tracking, fast noise and paging operations. It's easy.

CONTENTS

나
혼자
영상
만들기

DaVinci Resolve 18
다빈치 리졸브 18

[1] 무료 다운 설치 Download & Setup

다빈치 리졸브(DaVinci Resolve)는 고화질로 쉽게 작업할 수 있고, 원본 화질로 작업이 가능하다. 편집, 색 보정, 시각 효과, 모션 그래픽, 오디오 제작 기능이 모두 포함된 인터페이스는 누구든지 쉽게 사용법을 익힐 수 있으며, 전문가가 사용하고, 제작하여 유튜브로 올릴 수 있다.

1. DaVinci Resolve 18 Beta 에서 [Windows] 클릭하고,

2. 필수사항(*) 적고 [등록 & 다운로드하기] 누르면 설치된다.

3. 무료 다운과 기능: DaVinci Resolve 18 | Blackmagic Design : https://naver.me/Fdss5Y4T

4. 바탕화면의 DaVinci Resolve 18 우클릭 후, [속성]을 클릭하고 [호환성/높은 DPI 설정 변경]에서 '높은 DPI 조정 재정의'를 [시스템(고급)]으로 설정하면 프로그램 화면이 크게 보인다.

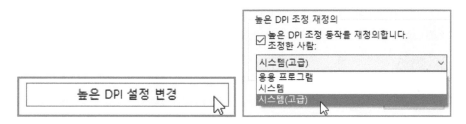

5. 한국어 버전 변경: [DaVinci Resolve] 메뉴의 [Preferences] 클릭하고, [User] 탭의 [Language]를 [한국어]로 정하고 [Save], [OK]하고, 프로그램을 재실행하면 한국어 메뉴로 보인다.

한국어 버전 설치: https://youtu.be/APp-q2ba7GM

[2] Color–Window, Blur, Tracker(트래킹)

1. [Color] 페이지 클릭하고, [Window] 누른다.

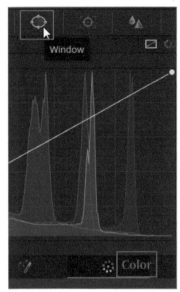

2. 사각형 툴을 선택하면 영상에 박스가 생긴다.

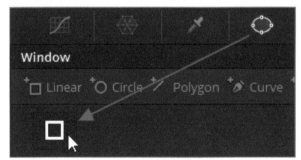

3. 사각형 크기를 조절한다.

4. [Blur] 탭을 선택하고 [Radius]에 있는 바를 잡고 위로 올리면 사각형 안이 흐려진다.

5. 노드 추가: 트래킹 기능으로 움직이는 사물을 추적해 주는 것으로, 효과, 특히 모자이크를 일일이 움직일 필요가 없다.

1) [Tracker]를 클릭한다. 우측에 생긴 노드를 선택한다.

2) [Window]를 클릭하고 사각형을 클릭하여 크기를 조절하고,

3) 재생하여 대상이 움직이면 사각형 노드가 움직인다.

[3] Project(프로젝트)와 자막 박스 만들기

1. [Untitled Project]를 더블 클릭한다.

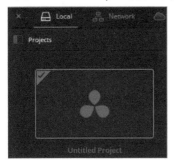

2. 마우스 우클릭 후 [Import Media]를 클릭하여 이미지와 사운드를 불러온다.

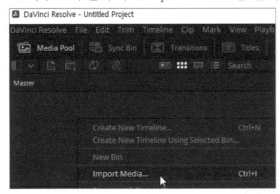

3. [Edit]를 클릭하여 타임라인을 불러온다.

4. 타임라인 창에 이미지와 사운드를 불러온다.

5. 재생 중에 키보드 [M]을 클릭하여 마커 표시를 한다.

6. [Effects - Title - Basic Title]을 클릭하여 자막을 넣고 [Position]에서 위치를 정한다.

7. [Outline Width]에서 자막 테두리 박스 만들기를 한다.

8. [Save Project]를 눌러 프로젝트를 저장한다.

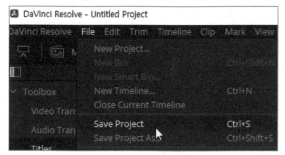

9. 컴퓨터에 저장하려면 [File - Export Project]를 눌러 프로젝트 저장하고, 프로젝트 위에
   마우스를 두고 우클릭 후 [Export Project] 를 선택하여 저장한다.

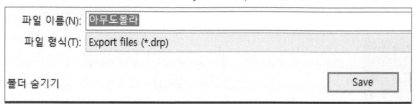

[4] Rendering(렌더링)

1. 렌더링 하는 순서
 1) 우측 하단의 [Deliver] 누른다.
 2) [YouTube] 누르거나 [Custom Export]에서 [Format - Mp4]를 선택하고, [Add to Render..]를
    클릭하고, 저장(Save) 한다.

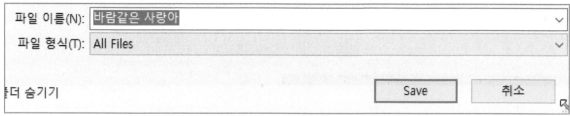

3) [Render All]를 클릭하면 렌더링이 된다.

2. 렌더링이 진행된다(Rendering in Progress).

대기열 창에 설정한 파일명이 들어와 있는지 확인하고 하단의 [Start Render] 버튼을 눌러주면 렌더링이 시작된다.

[5] Fairlight(더빙: 후시 녹음 ADR)

배경음악에 목소리를 넣는 더빙(후시 녹음)과 영상의 원본을 살려 편집하고 렌더링 하기

1. [Fairlight] 페이지에서 더빙하기
 1) 영상을 불러와서 [Fairlight] 페이지로 이동하여 메뉴의 [Fairlight]을 클릭하고,
[Patch Input/ Output]을 클릭한다.

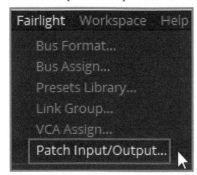

2) 우측 상단의 [Destination]에서 [Track Input]을 클릭한다.

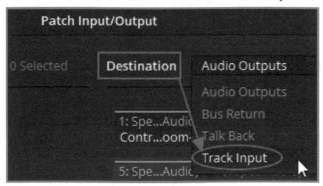

3) 목소리 녹음하기
(1) [Audio1-L], [Audio1-R] 박스 둘 다 클릭하고, 좌측의 [Source - Audio Inputs]에서 사용할
마이크를 선택하고,

(2) [Add Track – Mono]를 선택하여 [Audio2] 트랙을 추가하고,

2. 후시 녹음(ADR)

1) [ADR]을 클릭한 후 [Setup]을 클릭하여 [Record Source: Microphone, Record Track: Audio1]으로 선택하고

2) [R] 버튼을 눌러 마이크 녹음 상태를 테스트한다.

3) [Audio2] 트랙의 [R]을 클릭하고 상단의 ●(Record) 버튼을 클릭하면 녹음이 시작된다.

3. 렌더링(Rendering): 하얀 박스로 표시한 로켓 모양의 [Deliver] 페이지를 선택한다.

[6] 영상 확대 축소, PIP

영상을 축소하여 영상 속에 넣는 PIP를 만들고, 작은 사진이 좌측에서 우측으로 이동하게 만들기

1. 2개의 영상을 불러와서 [Transform]을 클릭한다.

2. 모니터 화면에 조절점과 외곽선이 생긴다.

3. 우측 인스펙터 창의 [Transform - Zoom]의 숫자를 드래그하여 확대한다.

4. [Transform]을 선택하고, 사진의 모서리를 드래그하여 크기를 줄이고, 우측 아래로
이동하여 [Position]을 설정한다.

5. [Position]의 키 프레임을 클릭하고,

6. 사진을 좌측으로 드래그한다.

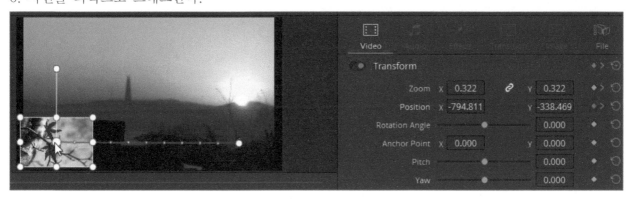

7. 재생하면 작은 사진이 좌측에서 우측으로 이동한다.

[7] 슬라이드 쇼, Transition(화면전환), Delete Gaps

Transition(화면전환), Delete Gaps 로 사진 길이, 공간 줄이기 단축키 만들어서 화면전환 효과를 넣어 슬라이드 쇼를 만들고, 사운드와 자막을 넣어 뮤직비디오 만들기

1. 새 프로젝트 열기
 1) [Projects]에서 [Untitled Project]를 더블 클릭하여 열고,

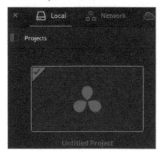

 2) [Cut] 페이지가 기본적으로 열린다.

 3) [Media] 페이지에서 [Frame Display Mode-Individual]에 체크를 하면 뭉쳐서 들어오지 않는다.

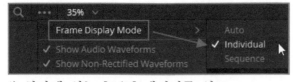

 4) 하단에 있는 [Edit] 페이지를 열고

5) 사진을 불러오고, 타임라인에 드래그한다.

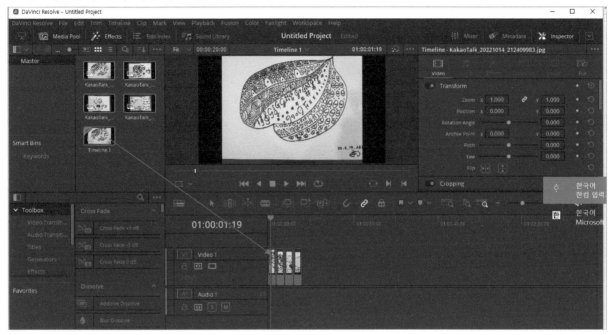

2. 체인지 클립 듀레이션(Change Clip Duration): 전체 사진을 선택하고 마우스 우클릭하거나,
   [Ctrl + D]를 눌러 사진 길이를 3초로 정한다.

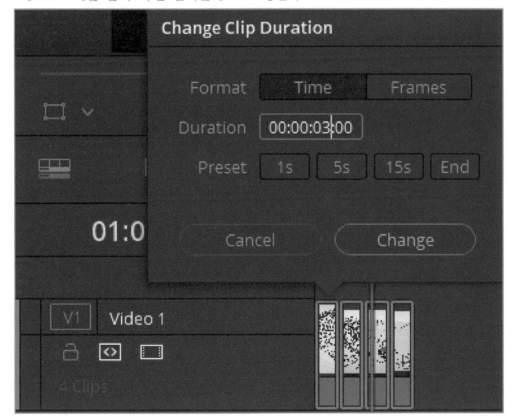

3. 딜리트 갭(Delete Gaps): 사진 공간 줄이기

1) 다수의 사진 노출시간을 일괄적으로 줄여주면(Change Clip Duration), 빈 영역이 생기게 되는데
빈 영역을 하나하나 삭제할 수는 없다.

2) 단축키(Commands)를 등록하고, 빈 사진 공간 영역을 일괄적으로 삭제하기

(1) [Davinci Resolve – Keyboard Customization]을 클릭한다.

(2) [Commands] 창에서 [Delete]를 검색하고, [Delete Gaps]를 클릭하여 빨간 사각형을 클릭한다.

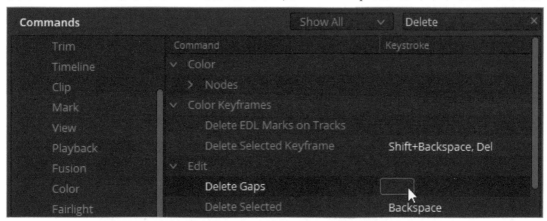

(3) 키보드에서 [Ctrl + Alt + G] 누르고 [Save]한다.

(4) [Delete Gaps]를 수정하고 [OK]를 클릭하면 단축키가 만들어진다.

* [Delete Gaps] 부분에 [Commands]를 입력하고 사용하면 된다. 입력한 단축키를 영상,

자막에서도 사용 가능하나 보통 사진 파일을 정렬할 때 쓰인다.

3) [Menu-Edit]를 클릭하고, [Delete Gaps] 클릭하면 사진 사이의 공간이 없어진다.

4. 화면전환 효과 넣기: 화면전환 효과를 모든 영상에 한 번에 넣기

1) [Ctrl + A] 또는 마우스로 드래그하여 타임라인에 있는 모든 클립을 전체 선택한다.

2) [Ctrl + T]를 누르면 트랜지션이 전체적으로 일괄 적용된다.

3) 모든 클립에 일괄 적용된 트랜지션 중에 하나를 바꾸고 싶으면 트랜지션 부분을 선택한다.
   화면전환을 바꾸고 싶으면 바꾸고 싶은 효과를 선택하고, 우클릭하여 [Set as Standard
   Transition]을 선택한다.

4) 우측 [Inspector]에서 [Transition] 부분을 보면 화면전환 효과를 조절할 수가 있는데 트랜지션
   길이나 종류를 바꿀 수 있다.

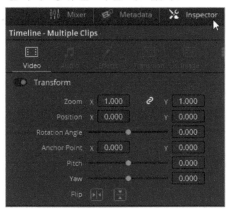

5) 모든 클립에 일괄 적용된 트랜지션을 삭제하고 싶을 때는 모두 선택[Ctrl +A] 하고,
   트랜지션을 적용시킨다.

6) 트랜지션 부분만 선택되는데, 이때 [Delete(삭제)]하면 모든 트랜지션이 삭제된다.

7) 디졸브 효과 적용하기: [Zoom-In/Out]과 [Zoom-Blur]가 적용된 [Fusion]을 만들게 된다.
   이렇게 만든 [Transform]과 [Zoom-Blur]를 파일로 저장해 놓으면 다른 영상에도 불러서 사용할
   수 있다. 두 개의 노드를 선택하고 우클릭해서 [Settings – Save as]로 저장한다.

5. 자막 넣기

제목을 입력하는 [Title], 아래쪽으로 자막을 넣는 [Subtitle] 기능이 있다. 드래그 앤 드롭으로
타임 라인에 얹어 자막을 넣는다.

6. 사운드 효과 넣기

1) [Fairlight] 페이지를 열고

2) 오디오트랙에 [Audio FX – Reverb]를 드래그해서 클립에 적용시키고, 컨트롤 윈도우에서 왼쪽 상단의 네모 상자의 크기를 조절하여 공간 울림을 설정하고, [Reverb Time] 조그셔틀을 Max 로 돌리면, 우상단의 그래프가 늘어난다. [Output]에서 [Dry/Wet] 조그셔틀을 조절하여 소리를 깔끔하게 한다.

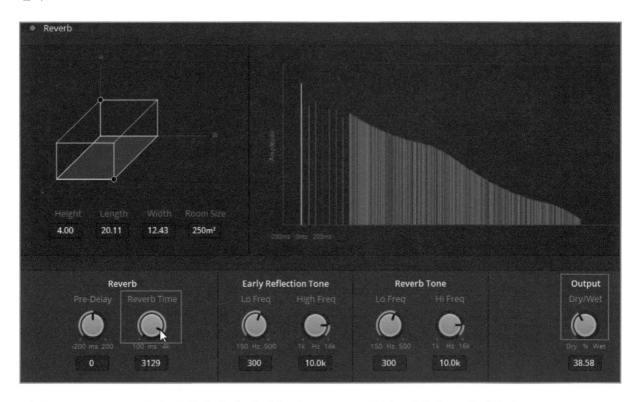

3) [Inspector – Audio] 탭에서 효과 옵션(Volume, Pan 등)을 선택하고 설정한다.

[8] 편집속도 빠르게 설정하기

1. [Untitled Project]를 더블클릭하고 [File – New Project]를 클릭하여 '속도 향상 프로젝트'라고
적고 [Create]를 클릭한다.

2. 생성한 [속도 향상 프로젝트]에서 미디어를 [Import]한다.

3. [Media Pool] 메뉴에서 [Import Media]를 클릭한다.

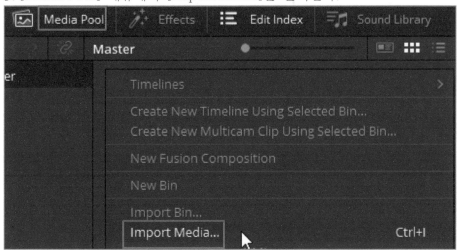

4. [Import]한 영상을 선택하고, 우클릭하여 [Generate Optimized Media]를 선택하고,

5. [Generate Optimized Media]를 통해 편집용 미디어를 생성한다.

6. 타임라인(Time-line) 설정
 1) 좌측 상단에 있는 [Timeline View Options] 클릭한다.

 2) [Video View Options]의 [Thumbnail View]를 선택하면 클립의 처음과 끝의 이미지만
 보여준다.

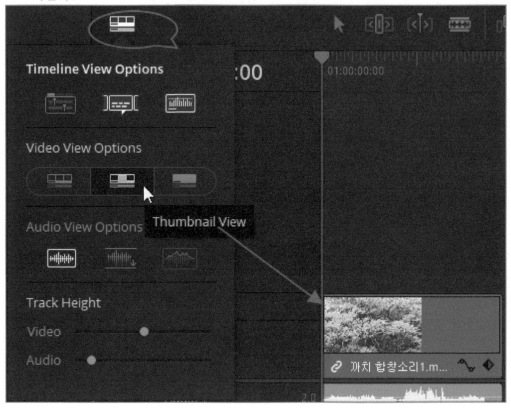

7. Project settings 설정
 1) [Playback - Timeline Proxy Resolution]을 클릭하여 [Full]로 선택된 것을
 [Half] 혹은 [Quarter]로 변경한다.

2) [Playback – Timeline Proxy Mode]를 클릭하여 [Off]로 선택한다.

3) [Render Cache]를 클릭하여 [None]으로 선택된 것을 [User]로 변경한다.

8. [Davinchi Resolve] 메뉴에서 [Preference: Ctrl+,] 클릭하고 나서
1) [Playback Settings] 탭을 클릭하고,
2) [User]를 클릭하여,
3) [Performance mode]의 [Manual]을 선택하면 아래 [Optmized...] 옵션 3개는
   자동 선택되는 것을 확인하고 저장(Save) 한다.

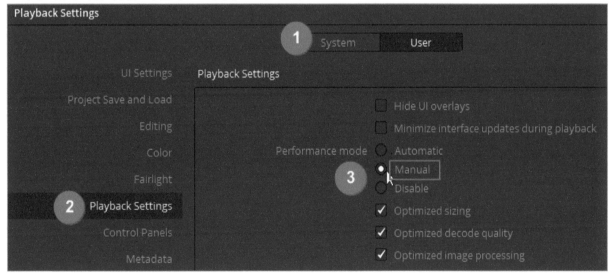

[9] Change Speed(영상 속도)

Retime Control, Retime Curve 로 영상 속도를 조절하기

1. [Change Speed]
 영상의 속도를 조절할 수 있는데, 10~400%까지 조절 가능하다.
2. [Retime Controls]
 1) 영상을 불러와 우클릭 후, [Retime Controls: Ctrl+R]을 누른다.

2) [Change Speed]를 200% 로하면 영상이 빠르게 움직인다.

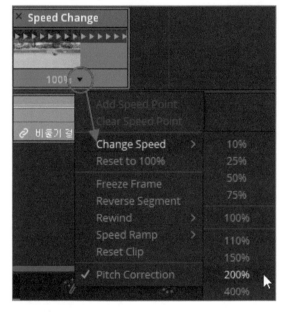

3) 200%로 기록된다.

4) [Freeze Frame]을 넣으면 영상이 정지된다.

*[Freeze Frame]은 원하는 프레임만 스틸 이미지 프레임이 고정되고 그 뒤로는 재생이 된다.

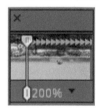

3. [Add Speed Point]

1) [Retime control]에서 [Add Speed Point]로 키 프레임을 넣고, 이를 선택하여 구간을 나누어서 영상 속도를 조절한다.

영상 속도를 조절하고 스틸 이미지를 잡는다. 하나의 클립의 영상 속도를 조정한다.

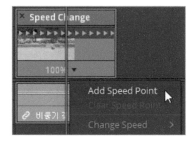

2) 키 프레임이 생긴다.

3) [Add Speed Point]로 프레임을 넣고, 드래그하여 종료 지점을 늘리고,

4) [Change Speed – 10%]로 하면 천천히 움직인다.

4. [Retime Curve]

부드러운 속도 변화를 적용하고 **전진과 후진을 바로 조절점으로 설정한다.**

1) 클립에서 우클릭한 후, [Retime Curve]를 클릭한다.

2) 선택한 점의 좌우로 뻗어 나온 붉은 선의 끝을 잡고 드래그하여 변화 속도를 조절한다.

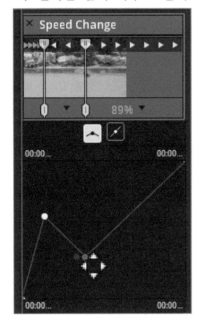

3) 속도 조절이 다 끝났다면 타임라인의 영상에서 우클릭하여 [Retime Control]과 [Retime Curve]를 선택 해제한다.

5. [Change Clip Speed]

클립 전체의 영상 속도를 정한다.

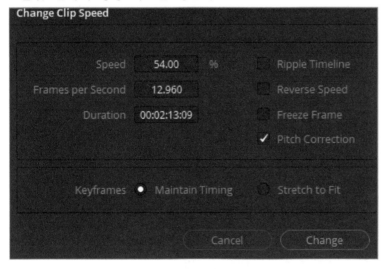

6. [Speed Ramp]

'스피드 램핑'은 아주 빠른 재생 혹은 느린 재생속도를 오가며 영상미를 살리는 기법이다.

1) 영상을 선택하고 우클릭 후, [Retime Curve] 선택

2) 커브들이 보이는데, 좌측의 작은 삼각형 아이콘을 눌러서 [Retime Speed]만 체크하면, 스피드 데이터가 꺾어진 라인으로 표시되어 있는 것을 볼 수 있다. 경사가 급하면 영상 속도가 빨라진다.

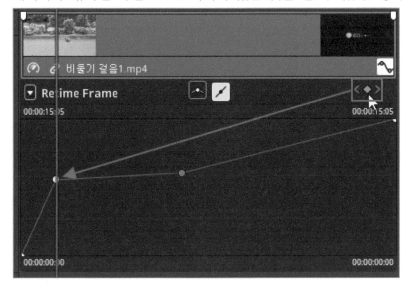

3) 해당 포인트를 선택하고 커브 아이콘을 선택하면 부드러운 곡선으로 제어되고, 스피드의 변화를 부드럽게 한다.

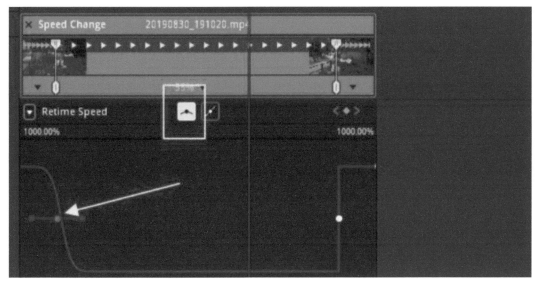

[10] Linked Selection(링크 기능)

Linked Selection(링크기능)은 영상과 오디오를 동시에 선택하는 것으로, 영상을 편집할 때 소리도 함께 편집이 가능하게 하는 기능이다. 영상과 오디오를 분리할 때 사용한다.

1. 비디오를 불러와서 [Linked Selection: Ctrl + Shift + L]을 선택하여 활성화되면
   영상과 오디오가 동시에 이동한다.

2. [Linked Selection] 선택을 해제하면, 영상과 오디오가 분리되어 각각 이동하고
   오디오만 삭제할 수 있다.

[11] 인디케이터, 영상클립 자르기와 이동

1. 블레이드 모드에서 영상 클립 자르기
 1) 타임라인에서 [B] 키를 눌러 블레이드 모드를 선택한다.

 2) 인디케이터를 이동하고 [Ctrl + B]로 클립을 잘라 3개로 나눈다.

2. Selection Edit Mode(셀렉션 모드)에서 영상 클립 이동하기
 1) 클립에서 [Ctrl + B]로 자르고 위 트랙으로 이동하고,
 2) 클립의 끝을 왼쪽으로 드래그하면 뒤에 있는 클립이 제자리에 있어 공간이 생긴다.

3. Trim Edit Mode(트림 모드)에서 영상 클립 이동하기

1) Trim Edit Mode: B(트림 에디트 모드) 선택하고 클립 끝에서 좌로 드래그한다.

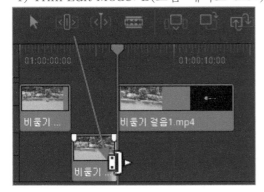

2) 뒤에 있는 클립이 함께 따라와 공간이 생기지 않는다.

3) Backspace(←)를 누르면, 클립이 삭제되고 그 자리가 빈 공간으로 남는다.

4. 인디케이터 이동 방법

1) 키보드 [K]를 누른 상태로 [J], [L]를 눌러서 원하는 프레임으로 이동한다.
2) 좌, 우 키보드 방향 키를 이용해 원하는 프레임으로 이동한다.
   상, 하 키보드 방향 키를 이용해 다음 클립으로 이동한다.
3) [Shift]를 누른 상태로 키보드 방향 키를 눌러서 이동한다(1 초씩 이동).
4) [Home], [End] 키보드로 타임라인의 처음과 끝으로 이동한다.
5) 타임라인에서 직접 입력하여 이동하기(클립을 선택하지 않은 상태에서) 키보드 숫자패드의 [+], [-]를 입력하고 프레임 값을 입력하면 인디케이터가 있는 위치에서 입력한 프레임만큼 이동한다.
   [예시] 숫재패드에서 +24 넣고, [Enter] 키 누르면 24 프레임으로 인디케이터가 이동한다

[12] 칼라모드 선명한 사진 만들기

흐릿한 영상을 칼라 모드에서 콘트라스트를 높여 선명하게 사진 편집하기

1. [Color] 페이지에서 보정할 영상 클립을 선택하고

2. [Node] 창에서 새로운 시리얼 노드를 추가한다.

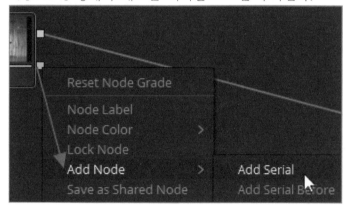

3. [Color Wheels]에서 [리프트(Lift)], [감마(Gamma)], [게인(Gain)]을 조정한다.
리프트(Lift)는 그림자 영역, 감마(Gamma)는 중간 톤, 게인(Gain)은 하이라이트 영역이라고 보면 된다.
화면 우측의 스코프를 확인하면서 위쪽 아래쪽에 약간의 여유를 주고 조정해 준다. 스코프를 항상
주시하면서 데이터가 밖으로 빠져나가는 일이 없도록 한다.
좌측 하단의 [Contrast], [Tint], [Shad], [Hi/Light]를 조정하면 흐릿한 영상이 선명하게 된다.

4. [Pivot]
좌측의 [Pivot]을 조절하여 스코프를 관찰해 보면 데이터를 전체적으로 움직여 주는 것을 알 수 있다.
밝은 쪽 또는, 어두운 쪽 원하는 방향으로 움직여 주면 된다.

5. [Render All]을 클릭하여 비디오 추출을 한다.

[13] Dynamic Trim Mode, Slip, Slide 클립 이동

[Dynamic Trim Mode]는 선택한 영상을 좌우로 움직여 앞뒤의 **클립이 늘어나거나 줄어들게** 하며, 인디케이터는 노란색으로 변한다. 선택한 영상의 부분을 보여주고자 이동할 때 [Slip], [Slide]을 사용한다. 클립은 키보드 [L], [K], [J] 키로 이동한다. [Dynamic Trim Mode]에서 [Slip], [Slide] 전환키는 [S] 키 이다.

1. Dynamic Trim Mode - 단축키 [W]를 클릭한다.

 2. Slip(슬립)

   [Dynamic Trim Mode]에서 우클릭하여 [Slip]을 선택한다.
   [Slip]에서는 선택한 클립의 길이를 줄이거나 늘린다.

3. Slide(슬라이드)

   [Dynamic Trim Mode]에서 우클릭 마우스로 [Slide] 선택한다.
   [Slide]에서는 선택한 클립의 길이는 변하지 않고 위치만 변한다.
   [L] 키 누르면 재생하고, [K] 키 누르면 정지하고, [J] 키 누르면 역 재생하여
   뒤로 클립이 이동한다.

[14] Dynamic Zoom(줌인 줌아웃)

카메라를 고정하고 촬영한 영상물에 Dynamic Zoom 기능을 이용하여 줌인, 줌아웃 효과를 주기

1. 적용할 영상의 클립을 자르고, [Inspector] 탭에서 [Dynamic Zoom]을 체크한다.

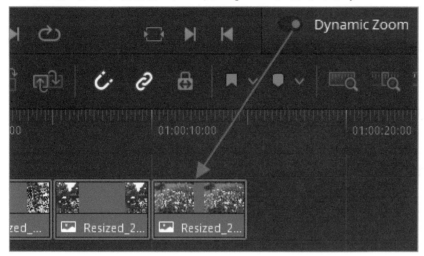

2. 미리 보기 창 영상 위에 사각형 두 개가 생긴다. 녹색 박스는 시작되는 화각이고,
   빨간색은 끝나는 화각이다. 뷰어창 왼쪽 아래 모드를 [Dynamic Zoom]으로 바꾼다.

3. 빨간 사각형의 크기를 줄인다.

4. [Transform]으로 바꾸고 재생하면 대상이 확대되어 보인다.

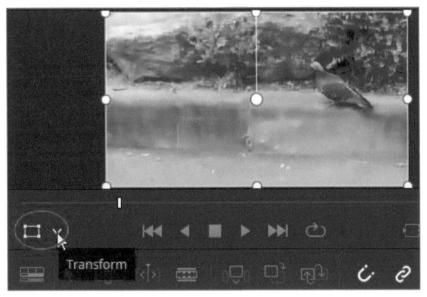

5. [Inspector] 창에서 [Swap] 클릭하면 줌아웃 효과가 적용된다.
시작점과 끝점을 [Swap] 버튼으로 바꾸어 주거나 움직임의 부드럽고 빠르게 변화를 설정해
줄 수 있다.
점차 작아지는 효과를 내기 위해 끝점인 빨간색 박스를 녹색보다 작게 이동한다.

6. [Ease In and Out]은 빠르게 줌인하고 천천히 줌인, 줌아웃을 준다.

[15] 타임라인 편집, Insert, Overwrite, Replace, Fit to Fill

타임라인에서 클립을 삽입하거나 교체하기 위해 도구 모음의 7가지 편집 기능을 사용하기

1. 삽입(Insert) [단축키: F9]

타임라인의 인디케이터가 있는 곳에 클립을 삽입하면, 공간을 마련하기 위해 나머지 클립 부분들이 자동으로 밀려난다. 인디케이터가 클립 중간에 있는 경우, 클립이 분할되며 새로운 클립이 중간에 배치된다.클립 중간에 플레이 바를 놓고, 다른 영상을 소스에서 더블클릭하여 소스 뷰어 창에 불러와 키보드[I], [O] 키를 눌러 영역을 정하고, [Insert Clip(F9)]을 클릭하면, 타임라인의 클립이 분할되고 그 사이에 편집한 클립이 삽입된다

2. 덮어쓰기(Overwrite) [단축키: F10]

덮어쓰기 기능을 실행하면 새로운 클립이 인디케이터가 있는 타임라인 위치로 배치되어 기존에 있던 클립을 덮어쓴다.

1) 동영상을 2개를 불러와서 타임라인에서 인디케이터를 이동하고, 뷰어 창에 있는 비디오를 우측 뷰어 창에 드래그한다.

2) 우측 뷰어창에 이동한 영상을 선택하여 [Overwrite]를 클릭한다.

3) 타임라인 창에 새소리 비디오가 덮어쓰기 된다.

3. 교체하기(Replace) [단축키: F11]

타임라인에 있는 한 개의 클립을 같은 길이의 다른 클립으로 교체한다. 타임라인에 편집 중인
클립의 아웃 포인트가 변경되어 교체되는 클립 길이와 동일하게 수정되어 들어맞는다.
배경 영상을 우클릭하여 [Replace Selected Clip]을 선택하여 원하는 영상으로 교체한다.

4. 핏투필(Fit to Fill)

표시해둔 클립 부분의 속도를 느리게 또는 빠르게 변경한다. 변경 속도가 자동으로 계산되어
타임라인에서 선택한 공간에 맞아진다.

5. 최상위 트랙에 두기(Place on Top)

타임라인에 추가하려는 클립을 플레이 헤드가 있는 다음 비디오 트랙 위로 이동시킨다.
[Place on Top] 기능은 타이틀/그래픽을 추가하거나 화면 속 화면 효과를 생성할 때 사용한다.

6. 마지막 편집 합치기(Append at End)

플레이 헤드의 위치와 관계없이 소스 클립을 타임라인의 마지막 편집 클립 뒤에 놓는다.

7. 리플 덮어쓰기(Ripple Overwrite)

특정 길이의 숏(Shot)을 길이가 다른 숏으로 대체한다. 타임라인에 있는 클립을 길이가 긴 다른
클립으로 대체할 경우, 모든 클립이 밀려나며, 길이가 짧은 클립으로 대체할 경우에는 기존 클립
부분이 끌려와 남는 공간을 채운다. 클립을 대체한다.

[16] 자동 트리밍 도구와 클립 이동 Roll, Ripple, Slip, Slide

스마트 트리밍 도구는 마우스 포인터 위치에 따라 롤, 리플, 슬립, 슬라이드 도구로 자동 전환되어 작업 속도가 빨라져서 트리밍 도구를 변경할 필요가 없다. 도구바에서 트리밍 아이콘을 선택한 다음 클립 안쪽 아무 곳을 클릭하거나 타임라인에 있는 클립 가장자리를 클릭하고, 마우스를 움직이면 커서가 각기 다른 트리밍 도구 유형으로 변하는 것을 볼 수 있다.

1. 롤(Roll): 롤(Roll) 트리밍 기능은 편집 영상의 좌/우에 동시 적용되는 것으로, 한쪽을 줄이면 다른 한쪽 클립의 길이가 같은 프레임 수만큼 늘어나 전체 타임라인 길이는 동일하게 유지된다.

2. 리플(Ripple): 리플(Ripple) 기능은 클립의 시작 또는 끝부분을 확장/축소시키는 것으로, 편집 포인트에 리플(Ripple) 기능을 적용하면 클립의 길이를 맞추기 위해 해당 클립 오른쪽에 있는 모든 부분들이 타임라인 뒤쪽으로 밀려나거나 앞쪽으로 당겨진다.

3. 슬립(Slip): 슬립(Slip) 기능은 인/아웃 포인트를 움직여 타임라인에 나타나는 클립 부분을 조정하는 것으로, 흰색 테두리가 전체 소스 클립 길이를 나타내고, 주변의 클립에 영향을 주지 않고 편집할 수 있다.
 1) [Dynamic Trim Mode]에서 우클릭 후 [Slip]을 선택하고,

 2) [Trim Edit Mode]에서 가운데 클립을 우측으로 드래그한다.

3) 가운데 클립 처음에서 우측으로 드래그하면 왼쪽 클립이 늘어나고, 가운데 클립의 처음이
　줄어든다.

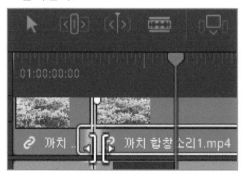

4. 슬라이드(Slide): 슬라이드(Slide) 기능은 타임라인에서 선택한 클립의 길이는 그대로 유지한 채
위치만 옮기는 것으로, 두 개의 클립이 맞닿는 곳에 클립을 옮기면 해당 클립의 좌/우 클립의 길이가
짧아 지거나 길어진다. 슬라이드 기능은 세 개 클립 사이에 적용되는 롤(Roll) 트리밍 기능이다.

　1) [Dynamic Trim Mode]에서 우클릭 후 [Slide]를 선택하고,

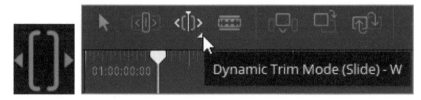

　2) [Trim Edit Mode]에서 가운데 클립을 우측으로 드래그하면, 중간 클립의 길이는 변하지 않고
위치만 이동한다.

[17] Deliver 로 Rendering(렌더링)하기

Deliver 로 영상 추출(Rendering) 하기

1. 영상을 편집하고 내보내기 위해 하단의 [Deliver]를 클릭한다.

2. [Render Settings] 항목에서 추출할 영상의 형식(MP4)을 지정하고 [Location]에서 저장할
   경로를 지정하고 1080p, 혹은 YouTube 1080p 를 선택한 후 [File Name]을 적는다.

3. 하단에 있는 [Add to Render Queue] 클릭한다.

4. 우측 상단 [Render Queue]에서 요소 확인 후 [Render All] 클릭하고
   [Format]을 MP4 로 선택한다.

5. [Render1]를 클릭하면,

6. Rendering 이 진행된다.

7. [Quick Export]

 1) [File – Quick Export]를 클릭한다.

 2) [YouTube] 선택하고,

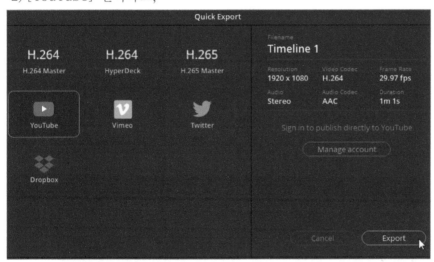

 3) [파일 이름]을 적고, 저장(Save) 한다.

파일 이름(N):	영상1
파일 형식(T):	All Files

더 숨기기   Save

 4) 렌더링이 완료되면 [Close]를 클릭한다.

Quick Export

영상1

Rendering completed.

Close

[18] Noise Reduction(잡음 제거), Auto Speech Mode, 볼륨

작은 소리를 크게 하고, 잡음을 제거하기 위해 볼륨을 높여 파형을 보기 쉽게 한다.

1. 바람 소리와 새소리가 들어간 동영상을 불러와서 [Fairlight]를 클릭하여 오디오 편집
   페이지로 들어간다.

2. 오디오 소리가 작으면, 오디오 클립에서 우클릭 후 [Normalize Audio Levels]를 클릭하면,
소리가 커진다.

3. 잡음 제거하기

 1) [Audio FX]의 [Noise Reduction]을 끌어서

 2) 오디오 트랙에 올려놓는다.

 3) [Listen to Noise Only]를 클릭하여 잡음 소리를 들어본다.

 4) [Auto Speech Mode] 선택한 후

 5) [Reset Noise Profile] 선택하고,

 6) 왼쪽 상단의 [X]를 클릭하여 [Noise Reduction] 창을 닫는다.

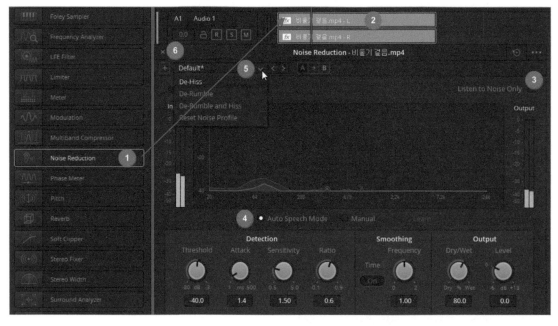

4. 나눠진 오디오 클립을 하나의 클립으로 합치는 [New Compound Clip] 작업을 한다.
   그렇지 않으면, 개별 클립에 노이즈 리덕션 기능이 추가되어서,
   매 클립마다 [Auto Speech Mode] 변경 작업을 하지 않아도 된다.

5. 볼륨(Volume)

 1) 오디오 트랙에서 볼륨 파형이 작게 보일 때, 파형 위의 흰색 선을 상하로 드래그하면,

2) 볼륨 파형이 커진다.

[19] Timeline 확대와 축소, Video Track 설정

1. Timeline 확대와 축소
 1) 확대 단축키[Ctrl + Plus Key(+)]
 2) 축소 단축키[Ctrl + Minus key(-)]

2. Zoom
 1) [Zoom to Fit]: 전체 타임라인 확인 [Shift + Z]
 2) [Full Extent Zoom]: 타임라인 전체 보기
 3) [Detail Zoom]: 약간 확대

 4) 확대된 클립에서 [Shift + Z]를 눌러 전체 타임라인 확인하고, 다시 [Shift + Z]를 눌러 확대했던
상태로 되돌아가기 한다.

3. Video Track

 1) 자물쇠: 트랙 잠그기
 2) sync on/off
 3) 트랙 비활성화
 4) 선택한 클립만 비활성화: 단축키 [D]

[20] 녹음, 더빙

[Edit 페이지]

1. [Edit] 페이지에서 [Alt] 누른 상태에서 하얀 선 위에서 마우스 클릭하여 흰 점들을 만든다.

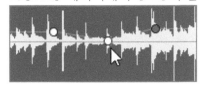

2. 빨간 원을 드래그하여 하얀 선을 내리면, 음량이 줄어들고, 올리면 음량이 커진다.

[Fairlight] 페이지

1. [Fairlight]를 클릭하여 오디오 페이지를 연다.

2. [Fairlight - Patch Input/Output]을 선택하면, 좌측 Source 영역과 우측 Destination 영역으로 나눠져 있다.

3. Patch Input/Output 팝업창 설정하기
 1) [Destination]에서 음성 출력 설정: Track input 으로 선택
 2) [Soruce]에서 음성 입력(마이크) 설정: Audio inputs 으로 선택
 3) 마이크를 선택하고,
 4) [Audio1-L], [Audio1-R]을 선택하고,
 5) [X] 눌러 창을 닫는다.

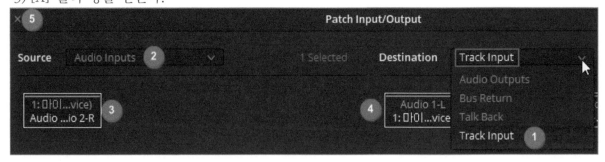

6) [Input/Output]에서 선택하여 해당 박스에 하얀 라인이 생기면서 활성화 확인하고,
하단의 Patch 버튼 클릭하여 설정 완료하고 [X]를 눌러 창을 닫는다.

4. 더빙하기
1) 오디오 파일을 타임라인으로 불러오고, [Patch Input/Output] 팝업창을 닫은 후, 오디오 창
트랙에서
●(Record) 모양의 녹음 버튼 클릭하고,

2) [Add Track] 눌러 오디오 트랙을 추가하고,

3) Audio 2 트랙을 선택하여 [R]을 눌러 마이크 출력 테스트 확인 후,
4) 작업 창 중단에 동그란 모양의 녹음 버튼을 클릭하고 말하면 오디오 트랙에 목소리가 들어간다.
■(Stop) 모양의 정지 버튼 누르면 오디오 더빙 구간이 생성된다.

5. 녹음 클립 안의 흰색 선을 드래그하여 소리를 확장한다.

6. 클립 우클릭으로 [Nomalize Audio Level]을 클릭하여 소리 파형을 크게 한다.

Latency(레이턴시) 줄이기 설정

보이스미터 지연 시간을 줄이기 위해 음원과 목소리 싱크가 맞지 않으면 레이턴시를 설정한다.

*모니터링 장치를 하드웨어 출력의 A1에 지정할 것을 권장한다.

1. 출력 A1 장치 선택

   장치가 WDM, KS, MME, ASIO 등 여러 개 나올 경우, ASIO 나 WDM을 사용하는 것이
   지연시간이 짧다. [Speaker 속성 - 장치 속성] 클릭한다.

2. [Speaker 속성] 창에서 [고급] 탭 누르고 [24비트, 48000Hz]를 선택한다.

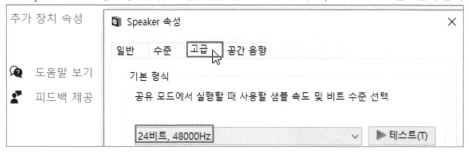

3. 입력 장치(마이크)는 출력 장치의 샘플 레이트를 동일하게 설정한다(예: 48000Hz)

[21] 단축키(ABC 순)

[⟨] : 클립 1 프레임씩 왼쪽 이동 (Move Clip Wright)

[⟩] : 클립 1 프레임씩 오른쪽 이동 (Move Clip Left)

[↑/↓] (상/하 방향키) : 클립 간의 이동

[←/→] (좌/우 방향키) : 1 프레임 이동

[A] : 선택 모드(Selection mode)

[Alt] + [↑] : 클립 위로 이동 (MOVE CLIP UP)

[Alt] + [↓] : 클립 아래로 이동 (MOVE CLIP DOWN)

[Alt] + [₩] : 선택 구간 반복 재생

[Alt] + [B] : New SubClip

[Alt] + [I] , [Alt + O] : CLEAR POINT

[Alt] + [S(Serial Node)] : 새로운 노드 추가

[Alt]+ [T] : 페이드인, 페이드아웃 동시 적용

[Alt] + [V] : Paste Attributes 복사 기능 설정

[Alt] + [X] : 마크 영역 완전 해제 (CLEAR IN & OUT POINT)

[Alt] + [Y] : 인디케이터 오른쪽 클립 선택 (SELECT ALL CLIPS TO THE RIGHT OF THE PLAYHEAD)

[Alt] + 마우스 휠 : 타임라인 확대/축소(클립 가로 길이 늘리기/줄이기)

[ALT] + 영상 드래그 : 복사하기

[B] : 블레이드 모드(Blade Edit Mode)

[B(Blade)] + 마우스 클릭 : 자르기

[Backspace(←)] : 클립 삭제하고 공간 남기기

[Crtl] + [+, -] : 확대, 축소하기(Zoom In/Out)

[Ctrl] + [→] : 빨리 감기

[Ctrl] + [A] : 전체 선택

[Ctrl] + [Alt] + [G] : 클립 공간 일괄 삭제

[Ctrl] + [Alt] + [K] : Keyboard Customization(단축키 만들기)

[Ctrl] + [Alt] + [Y] : 인디케이터 왼쪽 클립 선택 (SELECT ALL CLIPS TO THE LEFT OF THE PLAYHEAD)

[Ctrl] + [B] : 현재 위치 자르기(한번 클릭은 선택 영역. 두번 클릭은 인디케이터 전체 자르기)

[Ctrl] + [D] : 모니터 전체 화면(확대)

[Ctrl] + [D] : Change Clip Duration *시간 설정, 칼라 페이지에서 이전 화면 보기

[Ctrl] + [F] : 화면(디스플레이) 끄기, 화면 키기

[Ctrl] + [I(Import)] : 미디어 불러오기

[Ctrl] + [Home] : Reset All Grades and Nodes(효과 적용 취소)

[Ctrl] + [N(New)] : 새 타임라인 만들기

[Ctrl] + [R] : Retime control 스피드 설정

[Ctrl] + [S(Save)] : 프로젝트 저장

[Ctrl] + [Shift] + [⟨], [⟩] : 클립 스위치

[Ctrl] + [Shift] + [V] : 클립 첨부(paste insert)

[Ctrl] + [Shift] + [: 인디케이터 왼쪽 모두 잘림 (RIPPLE TRIM TO START)

[Ctrl] + [Shift] +] : 인디케이터 오른쪽 모두 잘림 (RIPPLE TRIM TO END)

[Ctrl] + [Shift] + [Arrow(〉)]

[Ctrl] + [Shift] + [L] : Linked Selection

[Ctrl] + [Shift] + [N] : 새 폴더 생성(New Bin)

[Ctrl] + [Shift] + [Z] : 취소의 취소

[Ctrl] + [Space] : 노드 검색하여 선택하기

[Ctrl] + [T] : 트랜지션 일괄 적용

[Ctrl] + [W] : 레퍼런스 이미지와 비교

[Ctrl] + 마우스 휠 : 타임라인 좌우 이동하기

[Ctrl] + [,] : Preference

[D] : 선택된 클립 비활성 처리 (DISABLE / ENABLE CLIP)

[Delete & Backspace] : 선택된 영역 제거 시 우측 클릭 모두 당겨짐

[Delete] : 여백 없이 삭제

[End] : 타임라인 맨 마지막으로 이동

[F] : [Source] 도구 선택

[F9] : 클립 삽입하고 밀어내기(Insert Clip)

[F10] : 덮어쓰기(Overwright Clip)

[F11] : 클립 교체(Replace Clip)

[F12] : 윗 트랙에 추가

[G] : Flags

[Hold Ctrl] + [Shift] : 클립 잡고 움직이며 첨부(Paste Insert)

[Home] : 타임라인 맨 처음으로 이동

[I] : Mark In(마크인)

[J] : 역재생 (여러 번 눌러주면 배속이 빨라짐)

[J] + [K] + [L] : 스크러빙

[K (Space)] : 멈춤(일시 정지)

[L] : 재생 (여러 번 눌러주면 배속이 빨라짐)

[M] : Makers(마커)

[N] : 자석 표시(Snapping)

[O] : Mark Out(마크 아웃)

[P] : 전체 화면

[Q] : [Source Viewer – Timeline Viewer] 전환

[S] : [Dynamic Trim Mode]에서 [Slip], [Slide] 모드 전환

[Shift] + [,] : 현재 위치까지 잘라내기

[Shift] + [〈] : 클립 Tab 씩 왼쪽 이동(Nudge Left)

[Shift] + [〉] : 클립 1 프레임씩 오른쪽 이동 (Nudge Rright)

[Shift] + [←, →(화살표)] : 1 초씩 이동

[Shift] + [D] : 색보정 적용 / 비적용

[Shift] + [I] : 선택한 클립의 처음으로 플레이 헤드 이동

[Shift] + [O] : 선택한 클립의 끝으로 플레이 헤드 이동

[Shift] + [Home] : 선택한 노드 적용된 옵션 모두 기본값으로 적용

[Shift] + [S] : 스크러빙(Scrubbing), 오디오 트랙의 소리를 끄고 켜기

[Shift] + [Spacebar] : 우클릭하여 도구(Selection Tool) 열기

[Shift] + [Z] : Zoom to Fit, 전체 화면 활성화

[Shift] + 마우스 휠(↑) : 비디오 & 오디오 클립의 높이(Track Height)가 커진다.

[Shift] + 마우스 휠(↓) : 비디오 & 오디오 클립의 높이가 줄어든다.(버벅임도 줄어듦)

[Shift] + [↑ / ↓](상하방향키) : 마커(Maker) 이동

[Shift] + [1] : Project 첫 페이지

[Shift] + [2] : Media 페이지

[Shift] + [3] : Cut 페이지

[Shift] + [4] : Edit 페이지

[Shift] + [5] : Fusion 페이지

[Shift] + [6] : Color 페이지

[Shift] + [7] : Fairlight 페이지

[Shift] + [8] : Deliver 페이지

[T] : 트림 에디트 모드(Trim Edit Mode)

[U] : 편집점, 끝점 3가지 유형 선택

[V] : 타임 마커를 편집 위치로 이동

[W] : [다이내믹 트림 모드(Dynamic Trim Mode)], [셀렉트 모드(Select Mode)] 전환

[Y] : 선택영역 해제

[Z] : [Edit] 화면 [Viewer] 고정 (Zoom Viewer to Fit)

[22] Metadata(메타데이터)

영상, 오디오를 불러와서 우측 상단의 [Metadata] 누르면, 영상의 길이, 코덱 사용, 프레임, 해상도 등 디지털 영상의 데이터 속성 정보, 오디오의 Hz 정보와 Audio Bit Depth 정보가 보인다.

[23] Fusion(퓨전), Nodes(노드), Transform 적용 만들기

Fusion 페이지, Transform 모드에서 만든 줌인/아웃 효과를 간단하게 다른 클립에도 적용할 수 있게 만들어 저장하기

노드 초록 연결선은 Foreground로 영상의 가장 위에 영상을 보여준다.

노드 노란 연결선은 Background로 영상의 가장 뒤에 영상을 보여준다.

1. 비디오 클립을 타임라인에 배치하고, [Fusion] 페이지로 이동 후 [Transform] 노드를 추가한다.

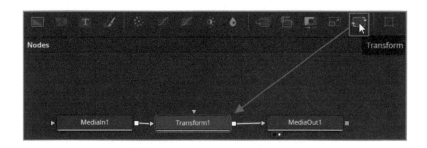

2. 커서를 맨 앞 프레임으로 옮기고 [Size]에 키 프레임을 아이콘을 눌러 추가한다.

3. [Size] 부분에 마우스를 놓고 우클릭하여 메뉴에서 [Insert – Anim Curves: Input -〉 Anim Curves]를 선택하면, 우측 화면에 [Modifiers] 항목이 추가된다. 이곳에서 세팅을 한다.

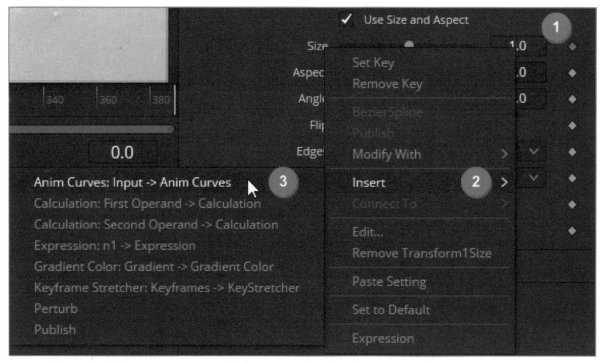

4. 커서를 0 프레임 상태에서 [Modifiers] 클릭하고,

5. [Input] 값을 0 으로 한다. 영상이 줄어 들어서 보이지 않는다. 프레임을 옮겨서 사이즈를
애니메이션 하고자 한다.

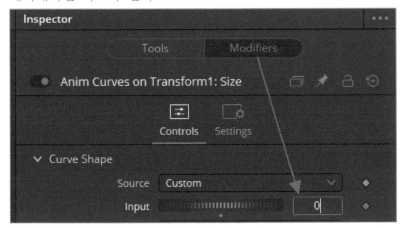

6. 커서를 60 프레임 정도에 위치 시키고 이번에는 [Input] 값을 1 로 설정하여 원래 크기의 영상으로
설정한다. 커서를 맨 앞으로 이동해서 영상을 재생하면 영상이 보이지 않다가 원래 크기로 커진다.
[Input]에서 우클릭하여 [Insert - Anim Curves: Input -> Anim Curves]를 선택한다.

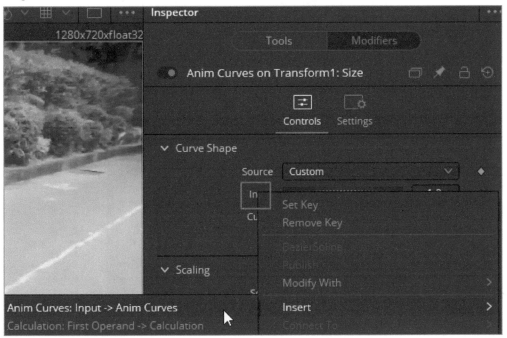

7. [Curve] 항목에 기본값이 Linear(애니메이션 속도가 처음과 끝이 동일하다는 것)으로 설정되어
있으면, [Easing]으로 변경하고 [In/Out]도 [Back]으로 변경하고 재생하면, 바운스가 되면서
움직임이 만들어진다.

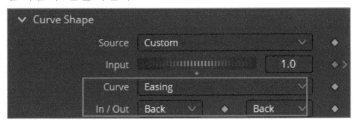

45

8. [Mirror] 체크 박스를 체크하고 재생하면, 클립의 끝에서는 반대로 원래 영상에서 사이즈가 줄어들어 보이지 않는 애니메이션이 된다. 효과를 미러(Mirror) 시켜 재생하는 것을 확인한다.

9. [Scaling]에서 [Scale] 값을 0.5, [Offset] 값을 1.0 으로 변경하면, 원래 영상 크기를 기준으로 확대하여 애니메이션 되는 것을 알 수 있다.

10. 줌인/아웃 효과를 [Fusion]에서 만들고, 효과를 다른 클립에도 재 적용할 수 있도록 설정하기 위해 [Transform] 노드를 우클릭하여 [Macro – Create Macro…]를 선택한다.

11. [Transform]에서 [Pivot]에 체크하고 [Anim Curves]에서 [In], [Out], [Scale]에 체크한다. 나중에 세팅 메뉴를 통해서 이 항목을 다르게 변경하게 된다. 상단 좌측 메뉴에서 저장하기를 클릭한다.

12. [Fusion] 설정파일을 [Toolbox – Effects] 폴더에 복사해 넣어 준다. 다빈치 리졸브를 재시작 한다. [DaVinci Resolve - Fusion - Templates - Edit - Effects]에 ʻMYZoominOut.setting 으로저장한다.

13. [Toolbox – Effects] 항목에 만들어 저장해 놓은 [MyZoomInOut] 설정이 메뉴에 등록되어 있는 것을 확인한다.

14. 다른 영상 클립에 끌어다가 놓으면 효과를 그대로 적용시킬 수 있다.

15. [Macro] 세팅에서 체크해 놓았던 항목들을 여기서 수정한다. 같은 효과를 적용하면서 영상 클립마다 다른 설정값으로 적용한다.

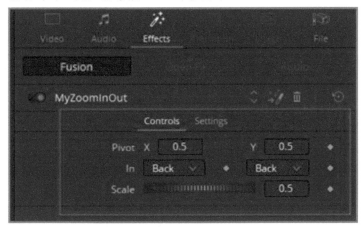

16. 미리 보기 창 하단의 도구 모음에서 [Fusion Overlay(퓨전 오버레이)]를 선택하면 [피벗(Pivot)] 포인트가 보인다. 수치로 변경하거나 이 피벗 포인트를 움직여 원하는 위치를 설정한다. *클립을 잘라 효과가 적용되지 않는 경우 잘라낸 클립을 [새 컴파운드 클립]으로 만들고 효과를 적용시킨다. 클립마다 설정을 다르게 하여 렌더링 한다.

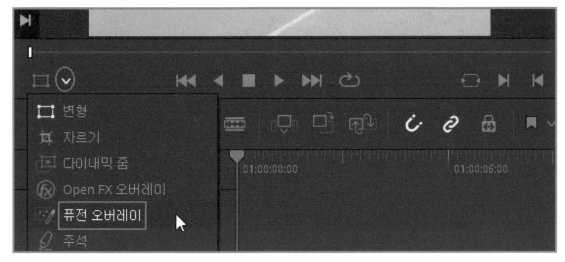

[24] Fusion 부분 확대, Spline 속도 조절

Transform(트랜스폼)으로 부분 확대하고, Spline 으로 속도 조절하기

1. 영상 2 개를 불러와서 위에는 마스킹 할 영상 1 을 놓고, 아래에는 배경이 될 영상 2 를 놓는다.

2. [Ellipse]와 마스크

영상 2 를 선택하고 하단의 [퓨전(Fusion)] 페이지를 클릭하고, [Ellipse(원형 툴)] 클릭하면 마스크 효과가 나고, [Ellipse1]과 [Median1]을 연결하면, 배경이 없어지고 투명하게 보인다.

3. 대상을 확대하기 위해 50 프레임으로 플레이 헤드를 맞춘 후, 소프트 엣지 값을 설정 후 키 프레임을 누른다.

*소프트 엣지는 블러 효과를 시켜 영상 확대 시 부분 모퉁이를 흐리게 한다.

4. Transform(트랜스폼)

 1) [Transform(트랜스폼)]을 클릭하여 가지고 온다.

  *트랜스폼은 영상에 **부분 부분** 효과를 넣을 수 있게 만들어진 노드이다.

 2) 트랜스폼 노드를 미디어 1 과 미디어 아웃 1 사이에 연결시키고, 50 프레임에서 시작하기 때문에 50 프레임에서 키 프레임 누르고, 100 프레임에서 사이즈(Size)를 크게 설정한다.

5. Spline(스플라인)

1) 영상 확대 속도를 조절하기 위해 [스플라인(Spline)]을 클릭한다.

2) 스플라인에 선이 안 보이면, 키 프레임을 누른다.

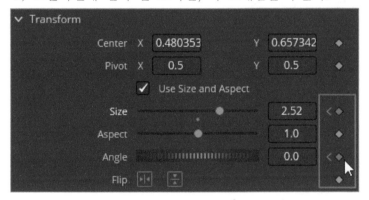

3) [Size]를 표시하는 분홍색 줄이 생기면, 곡선(Smooth)을 클릭하고 선의 기울기를 드래그하여 영상 크기와 속도를 조절한다.

4) 스플라인에서 [Ctrl + A] 클릭하여 전체 키 프레임을 선택하고, F(Flat) 키를 누르면, 부드럽게 가다가 중간에 평평하게 이동한다.

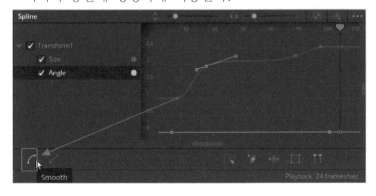

5) 선을 늘려서 곡선의 경사를 급하게 할수록 속도가 빨라지고, 완만하게 할수록 속도가 느리게 용된다.

[25] Cut Page, Quick Export, 렌더링

Cut 페이지에서 영상을 편집하고 Quick Export(빠른 내보내기)로 렌더링 하기

1. [Cut] 페이지 열고,

 1) [Import Media Folder] 클릭하여 [소리모음 2] 폴더를 불러온다.

 2) [소리모음 2]를 클릭하면 폴더에 있는 소스가 보인다. *[Master]를 클릭하면 폴더가 보인다.

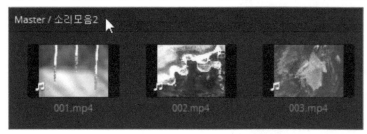

2. 소스를 더블 클릭하면 뷰어창에 보인다.

3. 소스를 전체 선택하고 더블 클릭하여 뷰어 모니터의 [Source Tape(소스 테이프)] 버튼을 클릭하면,
   해당 빈(Bin) 내의 모든 클립이 하나의 긴 비디오테이프로 나타난다.
   [Master Media Pool]에 있는 모든 소스 클립들을 한 타임라인에서 재생할 수 있다.

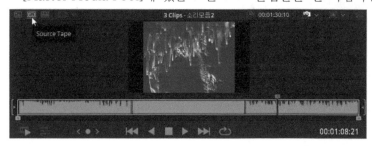

4. 소스 전체를 선택하고 드래그하여 타임라인에 불러온다.

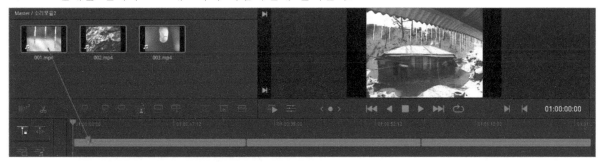

5. 소스의 메타데이터 [Resoulation]을 확인한다.

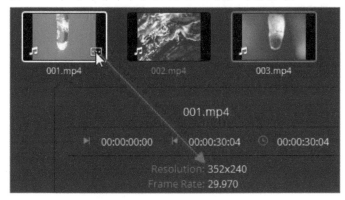

6. [Projecting Settings(설정)]을 클릭한다.

7. [Timeline Resolution]을 [1280*720 HD720P]로 재설정한다.

8. [Media Pool]의 소스에서 위치를 확인하고, 뷰어 모니터에서 [In], [Out]을 클릭해 영역을 지정하고, [Smart Insert]를 클릭하면, 타임라인에 선택한 클립이 생긴다. [Cut]에는 전체 프로젝트를 나타내는 상위 타임라인과 작업 중인 영역을 나타내는 하위 타임라인이 있다. 확대 / 축소보다 빠른 작업 흐름이다.

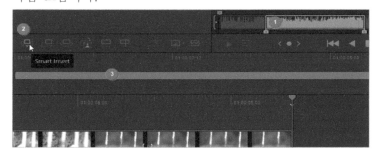

9. Quick Export(빠른 내보내기)

1) 편집한 클립을 내보내기 위해 [Quick Export]를 클릭한다.

2) [H.264] 선택하여 [Resoulation]과 [Frame Rate]를 확인하고, [Export] 클릭 후 렌더링 하여
동영상을 만든다.

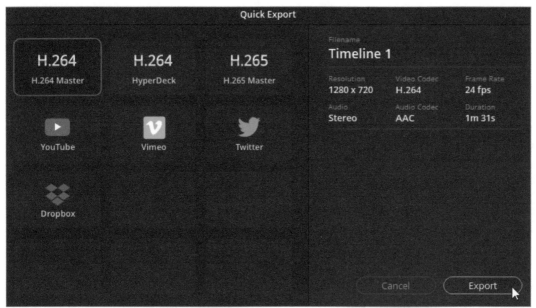

10. 익스포트 할 때 [Interlaced rendering]에 체크하지 않으면 프로그레시브 스캔으로 나온다.

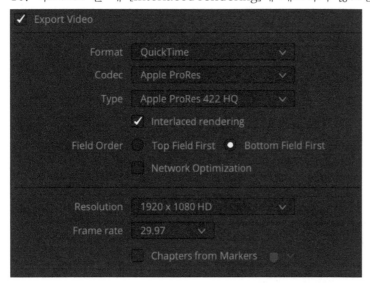

[26] 손떨림 보정 Stabilize

카메라의 손떨림(흔들림)을 보정하기 위해 Color 페이지의 Tracker 에서 Stabilize 를 활용한다.

1. 노드 추가

[Color] 페이지를 클릭하여, 노드가 생기면 우 클릭 마우스로 [Add Node - Add Layer] 선택하면 노드가 추가된다. 노드가 안 보이면 [Nodes] 클릭한다. 단축키 [Alt + S] 누르면 노드가 추가된다.

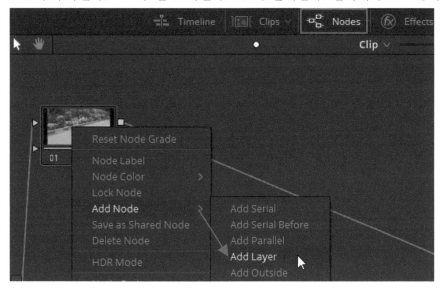

2. [Color] 페이지의 [Tracker]를 클릭하고, [Stabilize] 버튼을 클릭한 후,
   아래에 생긴 [Stabilize] 누르면,

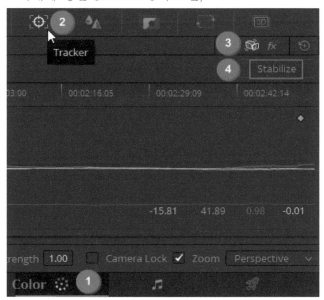

3. 손떨림 보정이 진행이 된다.

4. [Deliver] 페이지 누르고, [Add to Render Queue] 누르고, [Render All] 클릭하여 렌더링 한다.

[27] 프로젝트 설정 New Database, New project

프로그램 시작하기 전, 폴더를 먼저 생성하고, 영상 편집을 위한 프로젝트를 설정한 후 작업한다.

1. 새 폴더 만들기
 1) 컴퓨터에 새 폴더(Vlog)를 만들고 하위 폴더로 DB, Vlog1 폴더를 만들고, DB 폴더는 비워둔다.

 2) Vlog1 안에 또 다른 하위 더 OTAGE, BGM 를만들고, FOOTAGE 에는 영상 소스, BGM 에는
 오디오 소스를 넣고 작업한다.

2. Project Library
 1) DaVinci Resolve 를 실행하고 [Show/Hide project Libraries]를 클릭하면,

2) [Local] 아래에 [Local Database]를 우클릭하여 [Open File Location]을 열면,
여기에 작업한 파일들이 보인다.

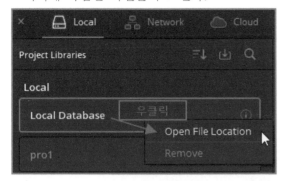

3) 왼쪽 하단의 [Projects(**Add Project Library**)]를 클릭한다.

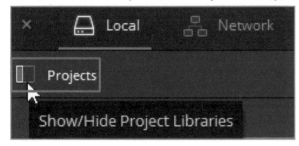

4) [Name]에서 제목을 넣고, [Browse]을 클릭하여 저장 경로를 DB로 변경하고,
[Create]를 클릭한다.

3. New Project

1) 오른쪽 하단의 [New Project] 클릭한다.

2) [Create New Project] 창에 '221212'(프로젝트 명)을 적고 [Create]를 클릭한다.

3) 프로그램을 다시 열고 생성한 프로젝트를 더블클릭하여 작업을 한다.

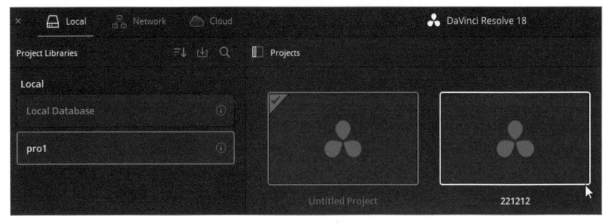

4. Add Bin

Davinci Resolve 메뉴에서 [Add Bin] 클릭하고 소스를 넣을 폴더를 만들고 편집을 시작한다.

[28] EyeFrame Converter 영상과 음성 싱크 맞추기

EyeFrame Converter 프로그램을 이용하여 오디오의 목소리와 비디오의 입모양이 맞지 않으면 영상과 음성 싱크를 맞추기

1. EyeFrame Converter 프로그램을 설치하고, 컨버팅 시 코덱을 H264로 설정하여 변환하면, 다빈치 리졸브 17에서 영상, 음성, 자막이 다시 싱크가 맞아지게 된다.
 1) 무료다운: https://www.videohelp.com/software/EyeFrame-Converter

You may want to check out more software, such as **Audio MP3 Converter**, **VCF Converter** or **Convert It**, which might be similar to EyeFrame Converter.

⊙ Download EyeFrame Converter

 2) [File - Convert]를 클릭한다.

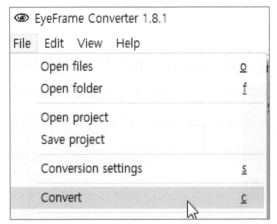

3) [Editing] 탭에서 [H264-AAC-Proxy Quarter Size]를 선택하고 [Save] 하기 전,
   새 폴더를 만들고 저장한다.

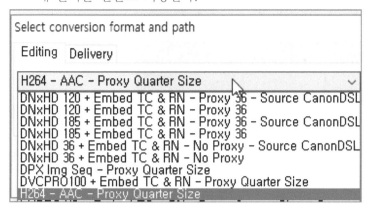

2. Subtitle Editor

영상과 자막의 싱크를 정확하게 맞추고, .SRT 파일로 저장한 후 다빈치 리졸브에 불러와서
작업을 한다.

[29] YouTube(Shorts) 만들기

1. 가로영상을 가져온다.

2. 새로운 타임라인 생성

[Media Pool]에서 [Ctrl + N]을 눌러, 새 타임라인을 만드는 창이 나오면, 창의 왼쪽 하단에 있는
[Use Project Settings(프로젝트 설정 사용)] 체크 해제한다.

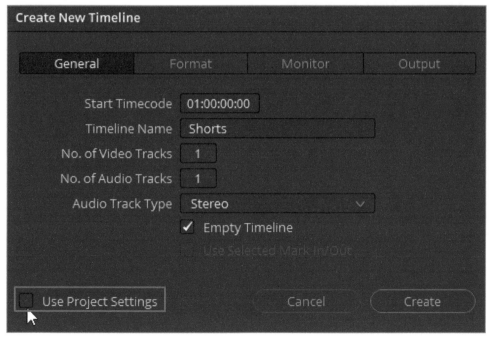

3. [File – Project Setting] 클릭하여 프로젝트 세팅으로 가서 [Timeline resolution]을
   [Custom]으로 선택하고, 1080 x 1920 으로 바꾼다.

4. 타임라인(프레임)에 영상을 넣고, [Zoom], [Position]으로 크기 및 위치 맞추기
 1) 타임라인을 만들면, 세로로 긴 프레임이 만들어지고 여기에 기존에 들고 있던 가로영상을
   넣어주면 프레임에 맞춰서 영상이 들어간다.
 2) [Zoom]으로 크기 / [Position]으로 위치 맞추기
 [Transform]의 [Position]에서 X 로 가로 길이를 조절한다.

5. 영상 내보내기
[Deliver] 페이지를 클릭하고 [Export Video]에서 [Resolution]의 [Custom] 선택한 후
1080 x 1920 로 작성하여 [Add Render]를 클릭한다.

6. [Deliver] 페이지에서 [YouTube], [Vimeo]등을 선택 시 [Use vertical resolution]을
선택하여 세로로 변경할 수 있는 기능이 추가되었다.

[30] Fusion – 특정부분 확대, 마스크 효과, 영상 속도 조절

Ellipse 로 마스크 효과를 주고, 트랜스폼으로 특정 부분 확대하고, 스플라인으로 영상 속도 조절하기

[Fusion] 페이지는 시네마틱 한 시각 효과와 모션 그래픽을 생성할 수 있으며, 다양한 효과가 서로
연결되어 함께 작동하는 방식을 시각적으로 볼 수 있는 노드 트리라는 플로차트를 사용한다.
노드(Node)는 효과 도구와 생성기, 변환, 마스크 등을 쌓아 올릴 수 있는 블록과 같다.
MediaIn 노드는 편집 타임라인의 클립을 시작하는 것으로, 블러 효과를 추가하여 보려면 도구바에서
블러 노드를 플로차트에 끌어다 놓고 **MediaOut** 에 이를 연결한다. Transform 으로 영상 크기를
확대하고, Ellipse 로 마스크 효과를 주며, Spline 으로 영상 속도를 조절한다.

1. 노드 옵션
 1) Serial Node(시리얼 노드) – 단축키 : [Alt + S]
  앞에 있는 노드를 복사한 상태

 2) Parallel Node(패러럴노드) – 단축키 : [Alt + P]
  패러럴 노드들은 믹스된 값이 출력된다.

 3) Layer Node(레이어 노드) - 단축키 : [Alt + L]
  레이어 노드는 레이어 별로 작업한 내용을 하나의 합쳐진 결과물로 보인다. 아래의 레이어를
  보여주는 것이다. 마스킹을 통하여 레이어 부분별로 다른 표현이 가능하다.

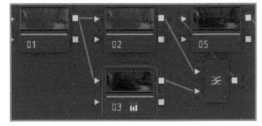

 2. 영상크기, 마스크, 영상속도
Transform 으로 영상 크기 확대, Ellipse 로 마스크 효과, Spline 으로 영상 속도를 조절한다.
 1) 영상을 불러와서 선택하고, [Alt] 키를 누른 상태에서 위로 드래그하여 복사를 하고,

위에는 마스킹 할 영상 1을 놓고, 아래에는 배경이 될 영상 2를 놓는다.

2) Ellipse : 마스크 효과 주기

① 영상 2를 선택하고 [퓨전(Fusion)] 페이지를 클릭한 후, [Ellipse] 툴을 클릭한다.

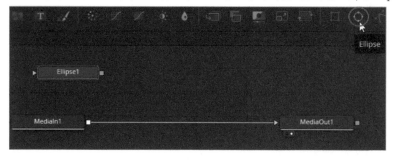

② [클립(Clips)]을 눌러 아래 창을 닫는다.

③ 빈 곳을 클릭하여 [Ellipse1]가 선택된 것을 해제한다.

④ [Ellipse(타원형)] 툴을 클릭하면 마스크 효과가 나고, [Ellipse1]과 [Median1]을 연결하면
   배경이 없어지며 투명하게 보인다.

⑤ 원을 안으로 드래그하여 마스크의 크기를 줄여서 원하는 부분만 보이게 한다.

3. Transform(특정 부분 확대하기)

1) 빈 곳을 클릭한 후, [Shift + SpaceBar] 눌러 'Transform(트랜스폼)'을 적어 선택하고,
   [Add]를 클릭하여 불러온다.

*트랜스폼은 영상에 부분 확대 효과를 넣을 수 있게 만들어진 노드이다.

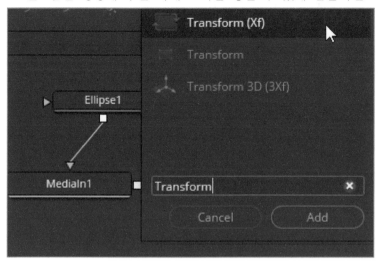

2) 미디어인 1(MediaIn1)에 연결된 미디어아웃 1(MediaOut1) 노란색 선을
   트랜스폼 1(Transform1)로 이동하여 연결하고,

*노드 추가할 때마다 미디어아웃에 연결된 선을 추가한 노드에 연결한다.

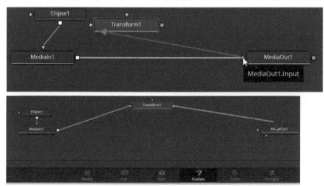

3) 트랜스폼에서 미디어아웃 1(MediaOut1)에 연결시키고,

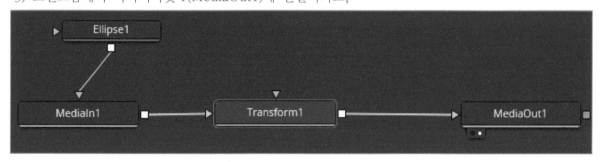

4) 40 프레임에서 시작하려면, 뷰어(Viewer)의 40 프레임에서 플레이 바를 놓고 키 프레임 누르고,

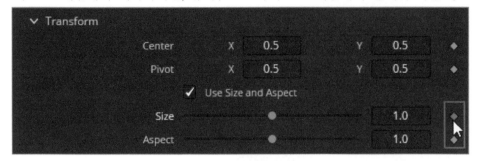

5) 뷰어(Viewer)의 55 프레임에서 키 프레임 누르고 [Inspector]의 [Size]를 크게 설정한다.

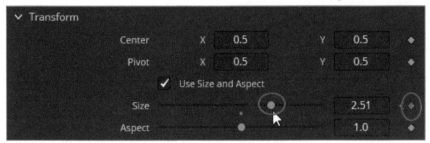

4. Soft Edge(테두리에 블러 효과 주기)

*소프트엣지는 블러 효과를 시켜 영상을 확대할 시 부분 모퉁이를 흐리게 한다.

1) [Ellipse1]을 선택하고 뷰어 창의 40 프레임에서 Soft Edge 키 프레임을 누르고,

2) 55 프레임에서 키 프레임을 누르고, Soft Edge 에서 바를 이동하여 블러 효과를 준다.

5. Spline(영상 속도 조절하기)

 1) 우측 상단에서 Spline(스플라인)을 클릭한다.

 2) 스플라인 창에서 [Transform1]을 선택하고 선을 드래그하여 조절점 2개를 선택한다.

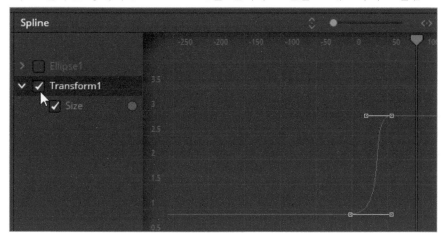

 3) 곡선(Smooth)을 클릭하고

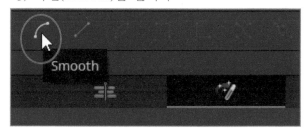

 4) [Ellipse1]를 선택하고 곡선을 선택한 후, 아래 점을 드래그하여
선을 우측 수평으로 늘리고, 위의 점을 좌측으로 늘리면 마스킹 속도가
빨라진다.

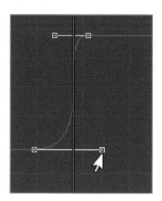

[31] 자동 트랙 선택 (Auto Track Selector)

빈 클립 삭제하면 다른 트랙의 비디오에도 영향을 주는 문제 해결하기
Auto Track Selector(자동 트랙 선택) 기능은 링크를 걸어주는 역할을 한다. 트랙은 분할되어 있지만 긴밀히 연결되어 있다.
모든 레이어에 있는 자동 트랙 선택 기능을 풀어주면, 한 트랙의 빈 영역을 삭제해도 다른 트랙의 빈 영역은 삭제되지 않는다.

1. Auto Track Selector(자동 트랙 선택) 기능이 켜져 있는 경우
 1) 각 트랙에 표시되어 있는 경우, 위 V2 트랙의 빈 영역을 삭제(Delete) 하면,

 2) 아래의 V1 트랙에도 그 시간만큼의 영역이 차감된다.

2. Auto Track Selector(자동 트랙 선택) 기능이 해제되어 있는 경우
 1) V1 트랙의 [Auto Track Selector]를 해제하고, V2 트랙의 빈 공간을 삭제(Delete) 해도

 2) 아래 V1 트랙의 빈 공간은 그대로 남아있다.

 3) 트랙에 자물쇠를 잠그면 트랙의 빈 공간을 삭제해도 영향을 주지 않는다.
트랙을 잠그면 클립에서 편집할 수 있는 기능이 완전히 제한된다.

[32] 미니어처 효과 – 정지된 영상에 모자이크 처리

[Color] 페이지에서 배경을 흐리게 하고, 모자이크 처리하기

1. 사진을 넣고, [Color] 페이지에서 [Window]를 클릭하고, 사각형 툴을 클릭하면
사진에 사각형 박스가 생긴다.

2. [Alt + S] 키를 눌러서 시리얼 노드를 추가한다. [Effects] 목록 패널의 [Library] 탭에서
   [Gaussian Blur]를 노드에 끌어다 놓는다.
3. 전체 영상에 모자이크 효과가 들어간다.
4. [반전] 클릭하면,

5. 사각형 박스로 선택하지 않은 배경이 흐려진다.

6. [Effects] 패널의 [Settings] 탭에서 블러 설정을 원하는 정도로 변경한다.

[33] 움직이는 모자이크 Window, Tracker, Automatic Key framing

 움직이는 영상에 모자이크를 넣기 위해 Window, Tracker 이용하기
[트래커(Tracker)]를 사용하면 파워 윈도우가 장면 내 움직이는 피사체를 자동으로 추적한다. 트래커 팔레트를 열면, 플레이 헤드와 함께 숏의 패닝, 틸트, 줌, 회전, 3D 시점을 분석할 옵션이 나타나고, 파워 윈도우를 선택하고 플레이 헤드를 클립 시작점으로 옮긴 다음 [Track Forward] 버튼을 클릭한다.

1. 동영상을 올려놓고, [Color] 페이지에서 [Alt + S]를 클릭하여
   ① 새 시리얼 노드를 추가하고,
   ② [Window]를 클릭하여 원 도형을 선택하고
   ③ 영상 얼굴에 위치를 잡고
   ④ 윈도우 크기를 조절하고
   ⑤ 얼굴에 따라가도록 재생하여 트래킹을 한다.

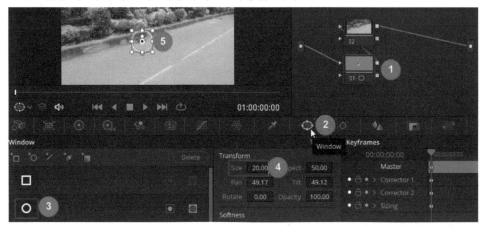

2. ① [Tracker]를 선택하고 프레임을 맨 앞으로 이동하고, 시작 버튼을 클릭하면 [Window]가
     대상을 따라 트래킹 된다.
   ② [Automatic Keyframing] 선택하고,
   ③ 재생하여 위치가 변하면 정지하고 대상을 윈도우에 맞추고
   ④ 재생하면 키 프레임이 자동으로 생긴다.
*원하는 위치에서 벗어나는 경우 해당 프레임에서 윈도우를 재배치해 주고 다시 트래킹을 한다.

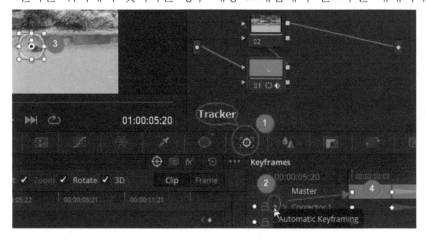

3. [FX Effects] 패널에서 [Mosaic Blur]를 [Clip]에 드래그하면, 모자이크가 들어가고 대상의 움직임에 따라 모자이크도 움직이게 된다.

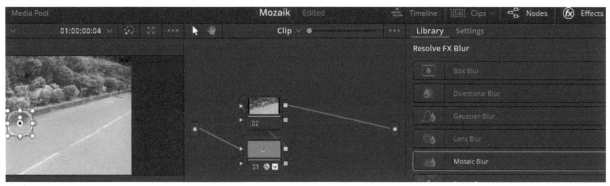

[34] Merge 글자속에 영상 넣고 재사용하기

Edit 페이지에서 텍스트 안에 영상을 넣고, Merge 노드로 글자 속에 '영상 비추기' 만들고 재사용하기

1. Edit 페이지
1) 타임라인에 영상을 올리고, 트랙 아래에 텍스트 클립을 넣어 선택하고, [Inspector]에서
   [Font Face]는 Bold를 선택하고, [Size]는 500으로 한다.

2. 영상 클립을 선택하고 [Inspector]를 열고, [Composite Mode]에서 [Multiply]를 선택하면, 텍스트 안에 영상이 보인다.

2. Fusion 페이지
1) 영상 클립을 올리고 그 위에 텍스트를 넣는다.
2) [Effects Library - Effects – Fusion Composition]을 클릭하여 텍스트 클립에 끌어다 놓는다.

텍스트 클립을 선택하고 [Fusion] 페이지로 이동한다.

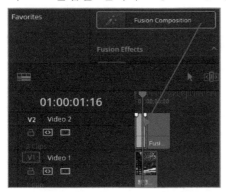

1) [Background] 노드와, [Text] 노드를 추가하고 [Merge] 노드에 그림의 화살표 색상과 동일하게 연결해 준다.

[Text] 노드가 노란색 포그라운드로 연결이 되어야 한다. 반대로 되어 있다면 [Ctrl + T] 누르면 된다.

2) [Merge] 노드를 선택하고 [Inspector]에서 [Operator]를 [Held Out]으로 변경해 준다.

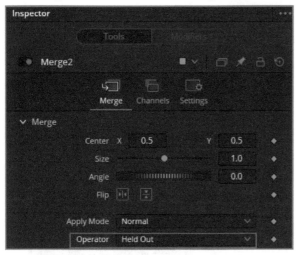

3) [Text] 노드를 선택하여 글자를 입력하고 사이즈를 설정한 후, 백그라운드 색상으로 변경한다.

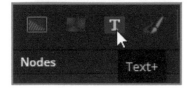

4) [Edit]모드로 나가서 아래 트랙의 영상이 텍스트 속에서만 보이는 것을 확인한다.

3. 템플릿 재사용하기

템플릿을 다른 프로젝트에서도 재사용하고 싶다면 세팅 파일로 저장해서 로드해서 사용하면 된다.

1) 다빈치 리졸브가 설치된 폴더에 작업한 것을 [Edit - Generators]에 저장한다.

2) 다빈치 리졸브를 재시작 한다.

3) [Fusion Generators] 목록에 저장했던 템플릿이 추가되어 있는 것을 확인하고, 원하는 영상 트랙 위에 끌어다 놓고 수정하면 된다.

[35] Media Offline

1. MOV 파일에서 변환한 동영상 파일을 불러왔을 때, 'Media Offline' 화면만 보이고, 동영상 화면이 안 보이면, H.265 비디오 코덱을 설치한다.

*코덱 무료 다운 :

Codecs.com | Downloads for HEVC Video Extension 2.0.53348 (free-codecs.com)

Codecs.com | Downloads for HEVC Video Extension 2.0.53348

DOWNLOAD EU Main LINK HEVC Video Extension 2.0.53348 DOWNLOAD EU Main LINK

HEVC Video Extension 2.0.53348 x64 DOWNLOAD EXT Main LINK HEVC Video

Extension 2.0.53348 - from Microsoft Store DOWNLOAD

EU Main LINK HEVC Video Extension 2.0.52911 DOWNLOAD EU Main www.free-codecs.com

2. HEVC Video 에서 [DOWNLOAD - HEVC Video Extension 2.0.53348 (x64)]를 클릭하고 다운 받아 설치한다.

3. 다운 받은 [Microsoft.HEVCVideoExtension_2.0.53348.0_x64__8wekyb3d8bbwe] 실행하여 [설치]를 클릭하면 완료된다.

4. 다빈치 리졸브 실행하고, MOV 파일 동영상을 불러오면, 'Media Offline' 화면이 안보이고, 동영상이 보인다.

[36] 동영상의 Thumbnail(섬네일) 캡쳐

영상 재생 중에 화면을 캡처하여 섬네일 이미지 만들기

1. 동영상을 불러오고 [Color] 페이지에 들어가서 정지한 미리 보기 화면 우클릭하여 [Grab Still]을
클릭한다.

2. [Gallery] 메뉴에 캡처 한 이미지 소스가 생기고,

3. 이미지에서 우클릭하여 [Export]를 선택한다.

4. [파일 형식]을 [JPEG Files]로 선택하고 저장한다.

Export	고드름	
파일 형식(T):	JPEG Files (*.jpg)	
더 숨기기		Export

[37] 아웃포커싱 Blur 효과

'배경 아웃포커싱 효과'는 'Blur 효과'를 사용하여 배경을 흐리게 하는 것이다.
*보케(Bokeh)는 사진을 찍을 때 의도적으로 초점(심도)을 맞추지 않는 촬영 방법이자 효과이다.

1. 영상을 타임라인에 업로드하고, [Color] 페이지로 이동한다.
2. 도구 탭에서 마스킹 효과를 넣을 때 자주 사용하는 [윈도우(Window)]를 선택한다.

3. 펜 툴을 선택하고 영상이 나오는 화면에 블러 효과를 넣지 않을 영역인 피사체를 따라서 선을 그린다.

4. 트래킹

 1) 도구 탭에서 [Tracker] 탭으로 이동한다.

 2) 그린 영역을 움직임에 맞춰 이동시켜주려고 하면, [Tracker] 탭에 있는 재생 버튼 [Track Forward]
    버튼을 눌러서 트래킹 시키면, 동영상의 움직임을 추적하면서 방금 그린 영역을 움직임에 따라서
    같이 움직인다.

5. 타임 인디케이터 위에 [Clip]과 [Frame] 버튼을 확인하고, [Clip]에서 [Frame]으로 변경하고,
대상 따라 그린 영역 중심에 있는 원이 붉은색으로 변하면 다시 영역을 대상에 맞춰준다.
위치와 몇 개 점들만 조정해 주면 쉽게 다시 맞출 수 있다. 다시 재생을 하면, 영역이 알맞게 위치한다.

6. 테두리 부드럽게 하기

[Frame]으로 바꾸었던 설정을 다시 [Clip]으로 변경하고, 도구 탭에서 다시 [Window]로 바꿔준 후, [Transform]에서 [Softness]를 설정한다. Inside 와 Outside 를 화면을 보면서 설정하는데 [Soft1]의 값은 2 정도가 적당하다

7. 현재 노드를 우클릭하고 [Add Node - Add Outside]를 클릭한다.

8. [OpenFX]를 클릭해서 [OpenFX Library]를 열고, Blur 효과 중에 [Gaussian Blur]를 배경만 있는 노드로 드래그 앤 드롭 하면 바로 효과가 적용된다.

[38] Blur-Sharpen

Blur 값을 내리고, Sharpen 값을 올리면 이미지가 더 선명해진다.

1. [Edit] 페이지에서 사진을 불러와 [Color] 페이지로 이동한다.

2. [Sharpen]은 픽셀 간 차이가 크게 나며, 웨이브 폼이 독특하다.

[Scaling]을 올리면 선명함이 더 강해지는데, 과하게 올려지면 부자연스러울 수 있다.

[Blur] 보다 훨씬 극단적으로 [Radius], [Scaling] 값을 이용해서 더 많이 사용 가능하다.

3. [Sharpen]에서 이미지의 선은 [Scaling]으로 조절하고, 질감은 [Radius]로 조절한다.

[Blur]의 경우 평균값을 가진다면 [Sharpen]의 경우는 올리거나 내림을 가지는데, [Coring softness], [Level], [Scaling] 3개의 창을 활성화하고 밝은 부분은 더 밝게 어두운 부분은 더 어둡게 만들어준다.

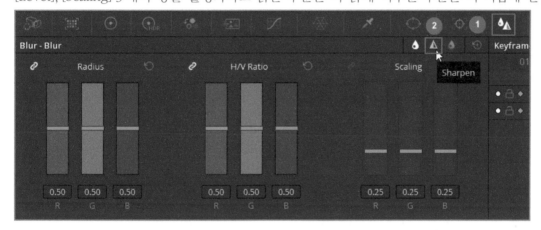

1) [Radius] 값을 0.49 이하로 하면 [Sharpen] 효과가 적용되고, 0.50 이상이면 [Blur] 효과가 적용된다.

2) [Scaling]이 0.25 이상이면, [Sharpen]은 더 선명해진다.

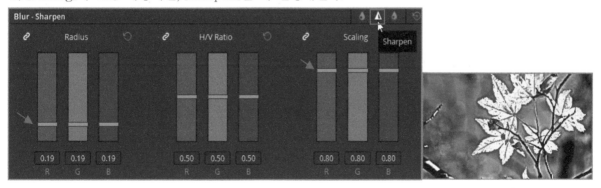

4. [Sharpen]을 올리면, 밝은 부분은 해당 채널을 나타내고 어두운 부분은 Cyan과 같은 보색을 나타 낸다. [Link]를 해제하여 [RGB] 각 채널별로 조절이 가능하며, Blur와 마찬가지로 [Green] 채널을 조절 해야 한다. 조절해 줄 때는 [Level]을 먼저 하고, [Softness]를 조절한다.

[Level] 값을 어느 정도 조절했는지 알 수 없는 경우, 해결 방법은 [Highlight] 기능의 [Difference]를 이용해서 전후의 차이를 알 수 있다. [Sharpen] 값이 디테일하게 조절이 가능하다.

[39] Project Settings – Master Settings – Working Folders

다빈치 리졸브를 처음 실행하고 작업하다 보면, [Gallery], [CacheClip] 폴더가 바탕화면에 생겨 용량을 차지한다. 다빈치 리졸브를 기본 설치 경로로 설치할 경우 파일 탐색기에서 동영상 폴더 아래에 [Gallery] 폴더와 [CacheClip]이라는 폴더에 작업했던 동영상들을 자동 저장한다. 작업했던 동영상 편집 프로젝트를 보존할 필요가 없다면 두 개의 폴더에 들어간 다음 전체 선택 하고 모두 삭제하면 된다. 휴지통에서도 비우기를 통해 모두 비운다.

1. [Gallery], [CacheClip] 폴더가 아래와 같이 바탕화면에 생기면,

2. [File – Project Settings…(Shift+9)]을 클릭한다.

3. [Davinci Resolve - Preferences - Media Storage]를 클릭하여 [Media Storage] 항목으로 들어왔다면, 기존의 기본 경로는 체크 표시를 해제하고, 하단의 [Add] 버튼을 눌러 저장하고 싶은 다른 드라이브 등의 새로운 경로에 있는 폴더를 지정한 다음, 하단의 [Save]를 클릭한다.

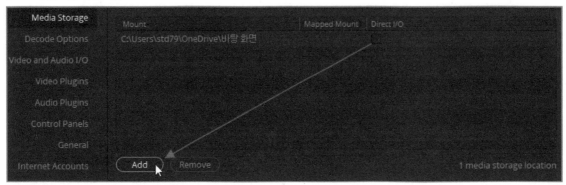

4. [Project Settings]의 [Master Settings]를 클릭하고,

5. [Master Settings]의 [Working Folders]에서 [ProxyMedia], [Gallery], [CacheClip]의 [Browse]를 클릭하고, D 드라이브의 [다빈치리졸브] 폴더로 정하고, 저장(Save) 한다.

6. 다빈치 리졸브를 닫고 재시작하여 동영상 편집 작업을 진행한 다음 파일 탐색기를 열면, 지정해
주었던 새로운 경로에 [.gallery] 폴더와 [CacheClip] 폴더가 생성되어 있는 것을 볼 수 있다.

7. Save 했는데 저장이 안된 경우 해결하기
[Project Settings]의 [Presets – Current Project]에서 우클릭하여 [Save As User Default Config]를
선택한다.

8. [Davinci Resolve – Preferences(환경설정) – User(사용자) – Project Save and Load]를 클릭하고,
[Live save], [Project backups]에 체크한 뒤, [Project backups location]의 [Browse]를 클릭하여
드라이브를 정한다.

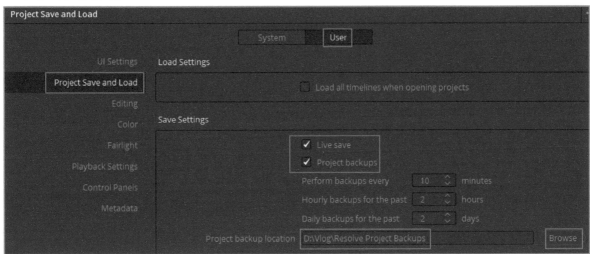

[40] 프로젝트 저장 위치

1. 프로젝트 화면에서 [Show/Hide Project Libraries]를 클릭하고,

2. [Databases] 탭이 생기면 [Local Database]에서 우클릭한 후, [Open File Location]을 선택한다.

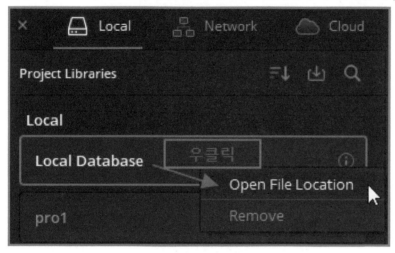

3. 프로젝트가 저장되는 폴더가 나타난다.

DB를 생성하지 않으면 [C:₩Users₩사용자아이디₩AppData₩Roaming₩Blackmagic Design₩ DaVinci Resolve₩Support₩Resolve Disk Database₩Resolve Projects₩Users₩guest₩Projects]를 확인한다.

4. 프로젝트 저장 폴더 변경 및 백업 : [New Database]를 눌러주면 해당 창이 생겨나고 [Location]의 빨간 박스 부분을 클릭하여 지정하려는 폴더의 경로로 변경한다.

5. 프로젝트를 백업할 경우 해당 아이콘을 눌러 저장 폴더를 지정하면 모든 프로젝트가 [Database.relolve.diskdb] 파일로 생성된다.

[41] Multicam(멀티캠) Auto Align clips

다빈치 리졸브 17 부터 새로운 기능이 추가되어 다른 페이지 이동 없이 [Edit] 페이지에서 해결이
가능하다.

여러 개의 카메라로 동시에 촬영된 영상(Multicam)을 같은 오디에 맞추어 편집하기

⟨멀티캠 영상 편집⟩

여러 개의 카메라로 동시에 촬영된 영상, 한 대의 카메라로 같은 오디오를 여러 번 촬영한 영상을
가져온다.

1. 멀티캠 촬영한 영상을 [Edit] 페이지의 타임라인으로 가져와 트랙에 겹치게 놓고 영상을 모두
선택(Ctrl+A) 한다.

2. 전체 선택된 영상에 우클릭하여 [Auto align clips – Based on waveform]을 선택한다.

3. 음성을 중심으로 싱크가 자동으로 맞춰지면, 타임라인을 확대해서 동기화된 영상의 앞뒤를 맞게
트림 편집을 한다.

4. [Media Pool]에 있는 타임라인 클립에서 우클릭하여 [Convert Timeline to Multicam Clip]을
선택하면, 타임라인이 멀티캠으로 이루어진 타임라인으로 바뀌게 된다.

5. 멀티캠 타임라인을 더블클릭하여 열면, 왼쪽 모니터에 멀티캠 영상이 보이게 된다.
원하는 영상을 선택한 후, 키보드를 눌러 시작점을 지정하고 키보드 [O]를 눌러 끝점을 지정한다.
시작점과 끝점이 지정된 영상 클립을 타임라인으로 드래그한다.

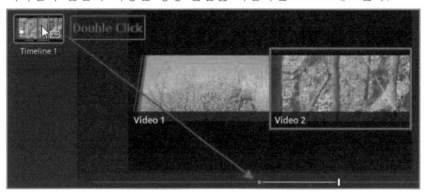

6. 비디오를 선택해서 시작점과 끝점을 지정하고 타임라인으로 드래그해서 컷 편집을 한다.
7. 클립을 다른 비디오로 바꾸려면, 멀티캠 타임라인을 타임라인으로 이동하고, 비디오에서
우클릭하여 [Switch Multicam Clip Angle]에서 바꾸고 싶은 영상을 Video 2 에서 Video 1 으로
변경한다.

8. 음성이 녹화된 카메라마다 달라서 오디오가 컷을 넘어갈 때 튀게 되면, 영상 클립의 음성을
동일하게 해준다. 음성 트랙을 선택하고 우클릭한 뒤, [Switch Multicam Clip Angle]을 선택하여
같은 오디오로 바꿔준다.

9. 멀티캠 영상이 완성된다.

[42] 입체적 3D 자막

동영상 3D 자막, 입체적인 자막 넣기

1. [Edit] 페이지에서 [Effects] 메뉴를 클릭한 후, [타이틀(Titles)]을 클릭하고 [텍스트(Text)]를 선택하면, 오른쪽 타임라인에 자막 클립이 생성된다. [퓨전 타이틀(Fusion Titles)]을 찾아 샘플 선택을 하면 타임라인에 자막 클립이 더 생성된다.

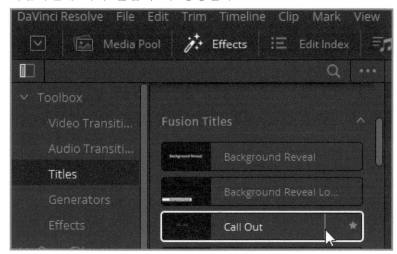

2. [Inspector]을 열고, [Main Text Controls]에서 [3D Title]을 넣고 크기 등을 설정한다.

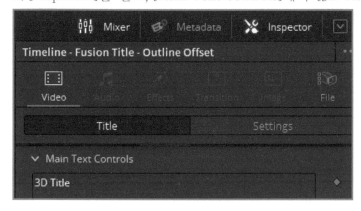

3. 한글이 깨져 나온다면 [Inspector]을 열고, [Text Font]에서 글꼴을 바꾼다.

[43] 영상 속도 조절, Adjustment Clip(조정클립)

영상 속도를 빠르게 할 경우에 빨려 들어가는 듯한 효과를 넣기도 한다.
영상 속도 조절 방법과 하이퍼 효과에 전체 속도 조절부터 구간별로 그리고 속도 변화를 완만하게
하는 기능이 있다. [Adjustment Clips]는 원본을 유지한 채 아래 클립에 효과가 적용된다.

1. Change Clip Speed(전체 속도)
영상 속도를 조절하는 기능은 영상 클립에서 우클릭하여 [Change Clip Speed]를 클릭하게 되면
아래와 같이 옵션이 나온다.

1) Speed : 퍼센트로 스피드를 조절하는 기능
2) Frames per Second : 1 초에 몇 장이 보이는지 설정하는 기능
3) Duration : 시간으로 속도를 조절하는 기능
4) Reverse Speed : 영상이 반대로 재생되는 기능
5) Freeze Frame : 프레임을 고정하는 기능
6) Pitch Correction : 속도에 의한 하이톤 없애는 기능
7) Maintain Timing / Stretch to Fit : 첫 번째 옵션은 키 프레임을 원래 위치에 두고 두 번째 옵션은
키 프레임을 자르고 변환하고 합성할 수 있으며 동일한 레벨로 압축합니다.

2. Retime Controls(구간 속도 조절)
[Change Clip Speed] 옵션은 섬세한 조절 방법으로 중간에 느려졌다가 빨라지는 방법이다.
1) 영상 속도 중간을 조절하는 방법은 두 가지가 있는데 첫 번째 방법이 [Retime Controls]를 사용하는
방법으로 영상 클립에서 우클릭해서 활성화하거나 단축키 [Ctrl + R]을 누르는 방법이 있다.

2) [Retime Controls]를 적용하게 되면 위에 보이는 것처럼 영상 클립에 파란색의 화살표가 생긴 것을
볼 수 있는데 잘 안 보일 경우에는 타임 라인 우측에 있는 +, - 버튼으로 확대를 하면 잘 보인다.

3) 스피드 포인트 추가 : 영상 중간에 속도를 조절하기 위해서는 지점을 설정해야 하는데, 영상 클립을 보면 하단에 속도 퍼센트가 있다. 속도 퍼센트 옆 [▼]버튼을 클릭하면 아래 옵션들이 나오게 된다.

4) 속도 조절할 지점에 위치한 후에 [Add Speed Point]를 추가한다.

5) [Add Speed Point]를 지정해서 **위에 보이는 것처럼** 속도 조절 구간을 만든다. 하단에 속도 퍼센트 옆의 [▼] 버튼을 클릭해서 [Change Speed]로 속도를 지정한다.

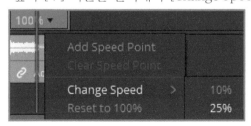

6) 구간 별로 하단에 속도 퍼센트가 다른 것을 볼 수 있다. 속도가 느린 구간은 노란색 화살표로 바뀐다.

3. Retime Curve(속도 변화 완만하게)
완만한 속도를 만들기 위해 영상 클립에서 우클릭한 후에 [Retime Curve]를 활성화시킨다.

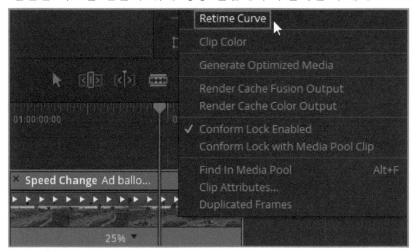

1) [Retime Curve]를 활성화하게 되면 영상 클립 아래에 [Retime Speed]라는 것이 나오고, 아래에 그래프가 나온다. 중간에 그래프가 아래로 되어 있는 구간은 느려지는 구간이다.

2) 느려지는 구간이 직선으로 되면 속도 변화가 갑작스럽게 되기 때문에 이를 완만하게 하기 위해서 그래프의 포인트를 클릭하고 완만한 곡선을 클릭하게 되면 그래프가 달라진다.

4. Zoom Blur(하이퍼 효과)
1) 빠르게 지나가는 하이퍼 효과를 주게 되면 더욱 빠른 속도를 표현할 수 있는데, 하단의 [Color] 페이지로 이동한 후, 우측 상단에서 [Effects - Zoom Blur] 효과를 [Nodes] 탭을 열고 끌어서 적용한다.
2) [Zoom Blur] 효과를 적용하고 [Window]에서 클릭하게 되면 영상 주변에 [Zoom Blur]가 적용된다. 중앙 영역은 잘 보이고 주변 영역은 [Zoom Blur] 효과로 빠르게 이동하는 모습을 볼 수 있다.

5. 타이밍 맞는 속도 조절

영상 클립을 선택하고 [Ctrl + R]로, [Retime controls]를 클릭하고, **클립의 끝을 드래그하여**
스트레치 기법으로 클립의 길이를 드래그하여 정한 시간 내에 영상의 속도를 조절한다.

6. Adjustment Clip (조정 클립)

조정 클립(Adjustment Clip)은 원본을 유지한 채 타임라인에 있는 원본 클립의 효과, 색보정 속성
작업을 추가하고, 위에서 아래 방향으로 작동하여 조정 클립 효과는 아래에 있는 클립에 적용된다.
 1) 클립에 [Effects]의 [Adjustment Clip]을 클립 위에 드래그하면, 원본 클립 위에 투명 클립이 추가된다.

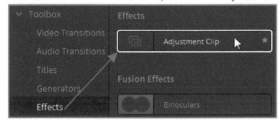 

 2) [Inspector]의 [Transform]의 [Zoom]하고 재생하면 [Adjustment Clip] 위에 지날 때
   적용되어 확대된다.

 3) [Disable Video Track(단축키 D)]을 클릭하면 [Adjsutment Clip]에 적용되지 않는다.

 4) [Color] 페이지에서 [Adjustment Clip]에 색보정한다.

[44] Maker(마커), Flag(플래그)

마커(Marker)는 편집점(Edit Point)을 표시하는 것으로 클립을 삽입하거나 자막을 넣을 때 사용하고, 플래그(Flag)는 클립의 속성을 표시하는 라벨이다.

1. 마커(Marker) 표시 이동
 1) 미디어를 타임라인에 올리고 3 초와 5 초 사이를 자르려면, [Blade Edit Mode - B] 선택 후
 2) [Shift] + [↑ / ↓(상하 방향 키)]로 초 단위로 마커를 순차적으로 선택하고 이동한다.
 3) [Marker(단축키 M)]를 3 초에 올리고, [Ctrl + B] 눌러 자르고, 5 초에 마커를 옮겨서 자르면
    3 초와 5 초 사이의 이미지가 잘린다

 4) 클립 마커를 생성하고 [Shift + ↑ / ↓(상하 방향 키)] 키로 마커의 위치를 좌우로 이동한다.

타임 마커는 어느 클립도 선택하지 않고 생성한다. 마커 삭제는 [Remove maker], [Delete] 키를 누른다.
 5) 마커 표시하고 클립을 이동하면, 자석처럼 주위에 딱 달라붙는 것(Snapping)을 확인할 수 있다.
* N 단축키로 Snapping 기능을 활성화 한다.

* [리플 타임라인 마커(Ripple Timeline)]는 마커가 뒤로 밀려나는 것을 막기 위해 타임라인에서 선택

2. [플래그(Flag)]는 클립의 속성을 표시하는 라벨로 단축키는 [G], 색상을 [Yellow]로 설정한다.

[45] Smart Bin(스마트 빈)

빈은 클립을 보관하는 폴더와 같은 것으로 프로젝트를 Bins 으로 만들어 재사용 가능하다.
Master 에는 전체 소스파일이 보이고, Smart Bins 에는 특정하게 정한 소스만 분류되어 보인다.

Smart Bin(스마트 빈) 만들기

1. [미디어 풀(Media Pool)]의 [Smart Bins]에서 [Add Smart Bin⋯]을 클릭한다.

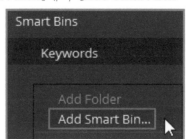

2. [Create Smart Bin] 창에서 [Name: FHD], [Match: Any], [Mediapool Properties, Resolution]
선택 후, 1920x1080 적고, [Create]를 누르면, 타임라인에 Full HD 만 보인다.

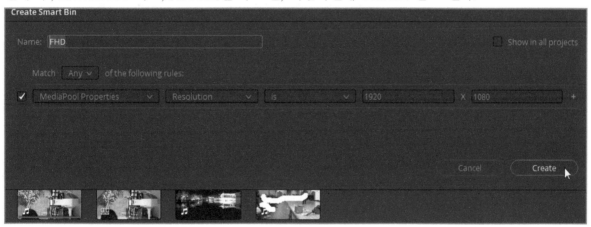

3. 4K 는 3840x2160 으로 설정하고,

4. [Smart Bins] 탭에서 [4K]를 선택하면 4K 영상만 미디어 풀에 보인다.

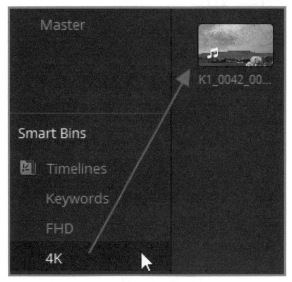

5. [Smart Bins] 탭에 [Timelines] 빈을 추가하기

1) [Davinch Resolve - Preferences]를 클릭하고, [User]탭의 [Smart bin for timelines]에 체크하면,

2) Smart Bins 탭에 [Timelines]가 생기고, 클릭하면 타임라인 소스가 보인다.

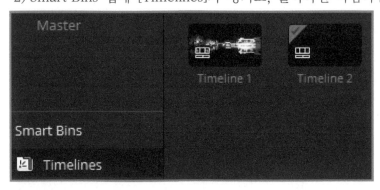

[46] Bin(빈), 프로젝트 소스 재사용

빈은 클립을 보관하는 폴더와 같은 것으로 프로젝트를 Bins로 만들어 재사용 가능하다.

1. Export Bin(프로젝트 빈즈 파일 내보내기)
 1) 프로젝트 파일(.drb)을 열고, [Master]에서 우클릭하여 [Export Bin…]을 클릭한다.

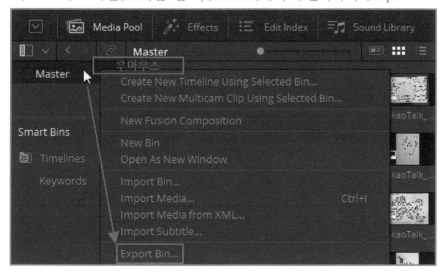

 2) [Export Bin] 선택 후 [Davinci Resolve Bins(drb)] 파일을 PC에 [Save] 버튼을 클릭하여
   저장한다.

2. Import Bin(저장된 프로젝트 빈즈 파일 불러오기)
 1) 작업 중인 프로젝트에서 필요한 소스를 재사용용으로 저장된 프로젝트 빈즈 파일에서
   불러온다.
[Master]에서 우클릭하여 [Import Bin…]을 선택한다.

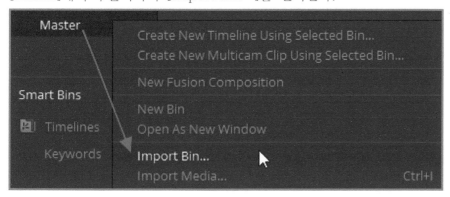

2) 저장된 프로젝트 빈즈파일(drb)을 불러와, 폴더 형태로 불러와 지면 '어여쁜친구' 폴더를 클릭한다.

3) 소스가 보인다.

[47] Project Manager(프로젝트 매니저), Add Project Library

프로젝트 저장 위치를 알기 위해 Project Manager(프로젝트 매니저) 창에서 [Open File Location] 클릭한다. [Add Project Library] 눌러 새로운 프로젝트를 만들 준비를 한다.

1. [Project Manager] 창의 [Local Database]에서 우클릭하여 [Open File Location]를 선택한다.

2. 아래와 같이 프로젝트의 저장 위치가 보인다.
C:₩Users₩사용자아이디₩AppData₩Roaming₩Blackmagic Design₩DaVinci Resolve₩
Support₩Resolve Disk Database₩Resolve Projects₩Users₩guest₩Projects

3. Project Manager(프로젝트 매니저)

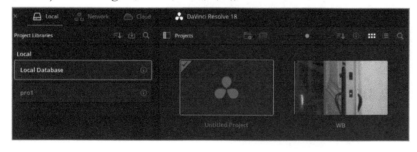

1) 다빈치 리졸브가 실행되면 Project Manager 창이 나타난다.

2) 작업 중, [Shift + 1]을 누르면 Project Manager 창이 보인다.

3) 프로젝트 매니저 창에서 작업한 프로젝트 파일들을 탐색한다.

4) 프로젝트 매니저에서 우클릭하여 [New Folder] 버튼을 클릭한 후, 프로젝트를 폴더별로 정리한다.

5) 새로운 데이터 베이스의 경로는 [Add Project Library]의 [Create]를 클릭하여 설정한다.

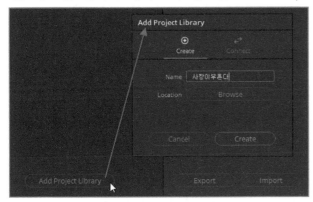

6) 프로젝트 저장 폴더 변경 및 백업

[Local Database]를 눌러주면 해당 창이 생겨나고 [Location]의 빨간 박스 부분을 클릭하여 지정하려는 폴더 경로로 변경한다.

[Local Database]에서 우클릭 후 [Open File Location]을 선택하면 프로젝트 저장되는 폴더가 나타난다.

[48] 최적화 Playback Settings

버벅거림 방지하기 위한 최적화 설정하기

1. [Playback – Render Cache – User]로 설정하면, 빠른 속도로 편집할 수 있다.

2. [Playback Settings] 설정

 1) [DaVinci Resolve – Preferences – User] 탭에서 [Playback Settings]를 클릭한 후, 아래와 같이 설정 되어있으면,

2) [Hide...], [Minimize...], [Automatic]으로 재설정하여 버벅거림을 방지할 수 있다.

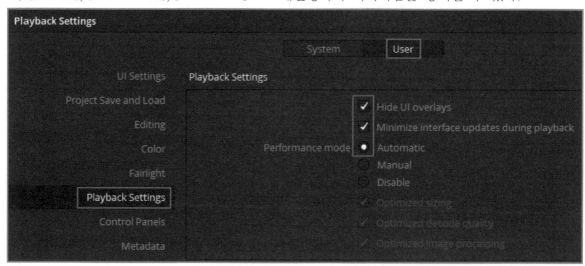

3) [UI Settings]에서 [Stop playback..]와 [Stop renders...]의 체크를 해제한다.

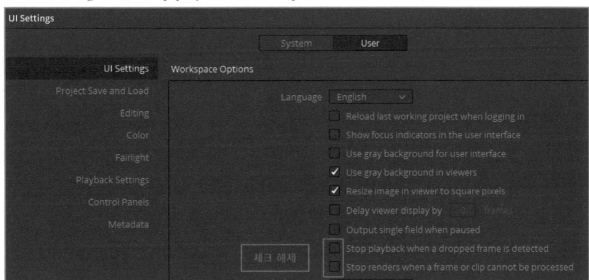

4) [Decode Options]에서 네 개의 항목 모두 체크를 해제한다.

[49] 색보정 화이트 밸런스, 색온도

화이트 밸런스는 실내에서 촬영하여, 노란색이나 주황색이 돋보일 때, 흰색 기준을 조절해서 색을 보정하는 작업이다. Temp 값을 올리거나 내림으로 색온도로 영상 분위기를 설정한다.

색보정(White Balance : WB)
1. 파일 불러오기

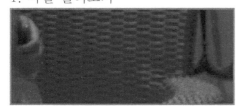

2. Scopes Color Parade
[Color] 페이지로 이동하면, 색 보정에 관한 다양한 기능 중에서 [Scopes]에서 [Parade]를 선택하면 RGB 스펙트럼이 있다. 빨간색(R)이 높고 파란색(B)이 낮은 것을 균등하게 만들어준다.

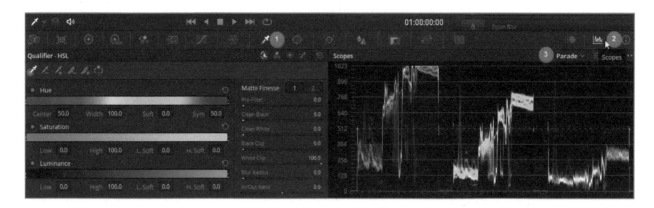

3. Nodes 추가

1) 색보정을 하게 되면 원본이 바뀌기 때문에 원본을 보존하기 위해서 노드를 추가해야 하는데, 오른쪽 상단에 [Nodes]를 클릭해서 노드 작업 창을 활성화하고,

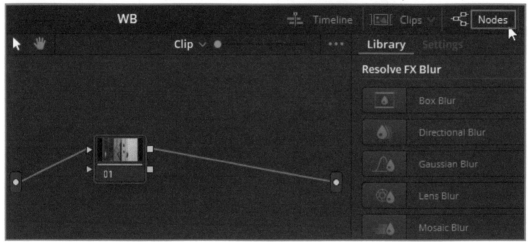

2) 우클릭해서 [Add Node - Add Serial(Alt + S)] 눌러서 추가하고, 2 번 노드로 색보정을 한다.

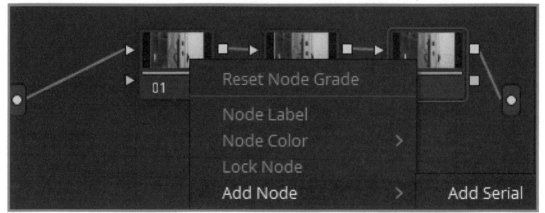

3) 노드 적용 여부는 선택하고, [Ctrl + D]를 클릭을 반복하면서 확인한다.

4. 화이트 밸런스 맞추기 - Auto Balance

[Color Wheels] 아래의 A(Auto Balance) 버튼을 클릭하여 자동으로 화이트 밸런스를 맞춘다.

그래프를 보게 되면 RGB가 균등하게 맞춰진 것을 볼 수 있다.

5. [Curves]를 클릭하고, [R]을 클릭하여 곡선을 드래그하여 붉은색을 제거하고 밝기를 조절한다.

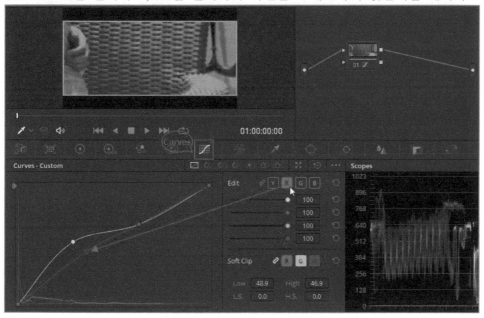

6. 영상을 선명하게 만드는 방법
 1) [Auto Balance]로 원하는 색 보정이 안되면, 수치를 조절한다.
   [Temp], [Tint], [MD], [Col Boost] 등의 수치를 조절하여 RGB를 세밀하게 맞춘다.
   [Tint] 값을 올리면 초록색이 돋보인다.

(Auto Balance 적용 효과)

2) [Color Wheels] 수치를 이용해서 화이트 밸런스를 맞추는 것으로 [Offset - 전체 영역 영향], [Gain - 밝은 영역 영향], [Lift - 어두운 영역 영향], [Gamma - 중간 영역 영향]로 RGB 스펙트럼을 맞춘다.

3) 원점을 색으로 이동하게 되면 스펙트럼이 변경되는 것을 볼 수 있는데 파란색을 올리려면 파란색 근처로 점을 이동한다.

4) [Log Wheels] 옵션 창을 열어서 [Shadow], [Midtone], [Highlights], [Offset]로 수정하고 아래에도 수치가 있으므로 화이트 밸런스부터 색상을 보정한다.

5) 화이트 밸런스를 맞추면, 조명으로 인해서 한 가지 색이 강해지는 경우가 있는데 이것을 흰색을 기준으로 맞추기 때문에 색이 균등한 것을 볼 수 있다.

6) [Lift]는 어두운 영역에 반응하는 것으로 하단에서 마우스 스크롤 하여 올리면 어두운 면이 밝아진다.

〈색온도〉

1. [Color – Color Wheels – Primary Wheels]에서 좌측 두 번째를 누르면 [Contrast]로 시작하던 설정들이 [Temp] 설정들로 바꾸고, [Temp(Temperature)] 온도 설정을 바꾼다.
2. [Temp] 값을 올리거나 내림으로 차가운 느낌, 더운 느낌의 색온도로 영상의 분위기를 만든다.

[50] Add Alpha Output

마스킹, 즉 파워 윈도우를 통해서 영상의 원하는 부분만 다른 영상을 내보내는 방법을 사용하면, 같은 사람 두 명이 나타나는 영상이나 창문 밖에 물체가 걸어 다니는 장면을 만들 수 있다.

1. 효과를 넣을 순간을 시작점으로 다음 영상을 겹쳐서 다른 트랙에 올리고, [Color] 페이지에서 중간에 [윈도우(Window)]를 선택하고, 좌측 하단의 도구들 중 사각형 도형을 선택 후 영상이 나왔으면 하는 부분만 드래그한다.

2. 드래그한 부분에 효과를 적용시키기 위해 영상 우측의 빈 공간에 우클릭하여
[Add Alpha Output]을 클릭하면,

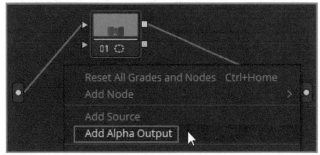

3. 설정 창 우측에 파란 점이 하나 생기고,

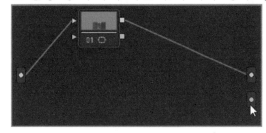

4. 노드의 오른쪽에 있는 파란 네모점과 생성한 파란 점을 드래그하여 [Alpha Output]에 연결하고
나면, 트랙 아래에 있는 영상이 윈도우 창에 보인다.

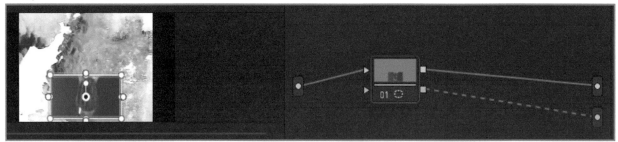

5. 우측 하단의 [Waveform(웨이브 폼)]에 영상이 나오는 부분만 값이 있는 것을 볼 수 있다.

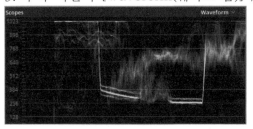

6. 도형의 안쪽만 검은색으로 변했다면 좌측 하단의 설정 창에서 [Invert Selection(반전 선택)]
버튼을 누른다.
* 우측의 버튼은 여러 개의 마스킹을 겹쳐서 사용할 때 쓰는 버튼이다.

7. 미리 보기 창에 반전된 창이 보인다.

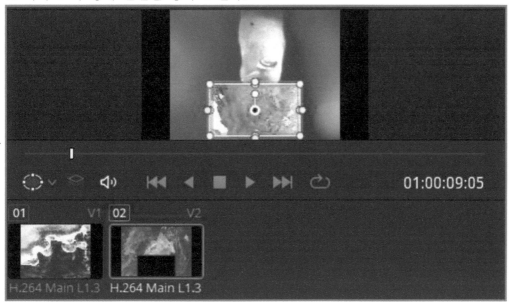

8. [Edit] 페이지로 돌아와서 영상을 재생하면 효과가 적용된 것을 볼 수 있다.

[51] Vignetting(비네팅) 효과

Vignetting(비네팅) 효과는 시선을 중앙으로 유도하고 앵글의 집중력을 높이는 것으로, 가운데만 밝고 주변이 어두워지게 하는 효과이다.

1. [Edit] 페이지에 부엉이 동영상을 불러온다.

2. [Color] 페이지로 이동하여 노드를 추가[Alt + S]한다.

3. [Contrast(명암)]와 [Sat(Saturation, 채도)]을 조정하고 [Lift], [Gamma], [Gain]으로 톤을 풍부하게 한다.

4. Vignetting(비네팅) 효과

1) [리프트(Lift)]의 아래 톱니바퀴를 드래그하여 원 둘레 곡선의 길이를 줄이면,

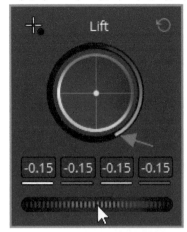

2) 대상 전체가 선명하게 보인다.

3) [Window]를 클릭하고 얼굴을 중심으로 원을 그리면

4) 얼굴 부분이 선명하게 보인다.

5) [Tracker]를 선택하고, [Track Forward]를 클릭하면 움직이는 영상에 따라 윈도우 마스크가 적용된다.

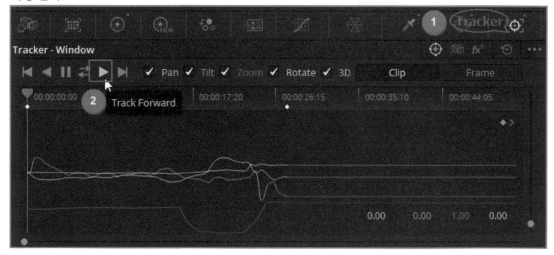

5. [Window]에서 [Softness] 설정값을 수정(3.58) 하여 블러 값을 추가해서 경계를 부드럽게 한다.

[52] 부분 모자이크, Window

영상에 넣는 모자이크는 Window 를 이용한다.

1. 영상을 타임라인에 넣고, [Color] 페이지로 이동하고, [Alt + S] 키를 눌러 시리얼 노드를 추가한다.

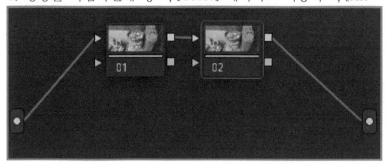

2. [OpenFX] 패널에서 [Mosaic Blur]를 노드에 끌어다 놓으면, 전체 영상에 모자이크 효과가
  들어간다.

3. [Settings] 탭에서 블러 효과를 변경한다.

4. 특정 부위에만 모자이크를 넣기
[Window] 아이콘을 클릭하여 원형 도형을 선택하면, 프리뷰 영상에 동그란 도형이 나타난다.
크기와 위치를 대상에 이동하고 조절하면, 대상에만 모자이크가 들어간다.

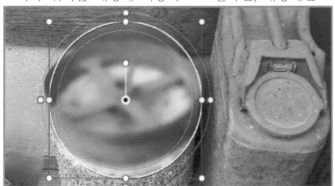

[53] 노트북과 컴퓨터 이동 편집 Export Project

컴퓨터에 폴더를 만들어 소스를 넣고, 다빈치 리졸브를 실행하여 작업하고 Export Project 를 클릭하여 다른 컴퓨터에서 불러와 작업하기

1. 바탕화면에 새 폴더를 만들어 작업할 소스를 넣고,

2. '천사의소리'로 파일명을 저장한다.
3. 다빈치 리졸브 실행하고 [Untitled Project]를 클릭한다. * [New Project] 클릭하고 [열기]를 해도 된다.

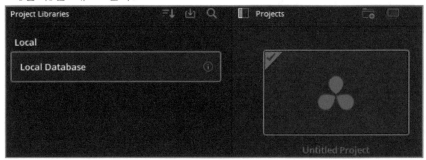

4. '천사의소리' 폴더에 있는 소스를 미디어 풀에 불러와 작업을 하고,
   [File - Export Project(Ctrl+E)]를 클릭하고 [Save]를 클릭하여 '천사의소리' 폴더에 저장한다.

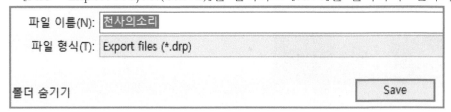

5. 다른 컴퓨터로 '천사의소리' 폴더를 이동하여 '천사의소리.drp'를 열면 다빈치 리졸브에서 열린다.

6. [Project Manager]에서 [Import]를 클릭하거나, [File - Import Project]를 클릭하여 프로젝트 파일을 불러온다.

[54] HDR 팔레트

HDR(High Dynamic Range) 팔레트에서 커스텀 롤 오프 기능을 생성하여 색조 작업을 섬세하게 한다.

1. 어두운 부분이 있는 사진을 불러오고,

2. [Color] 페이지로 이동하여 [HDR(High Dynamic Range)] 버튼을 클릭한다.

3. [색조 영역(Zones)]을 창을 보기 위해 우측 화살표 아이콘을 클릭한다.

4. [Zones] 창에 6 개의 Zone 과 히스토그램이 보인다.

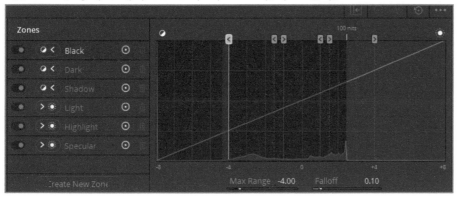

5. 어두운 영역을 잘 보이게 하기 위해 [Shadow]에서 [Exp(Exposure)]를 드래그하여 밝기를 조절한다.

6. [Global] Zone 에서 왼쪽 [Exp]로 [Temp(색온도)] 값을 조절하고, 오른쪽 [Sat]로 채도를 조절한다.

7. [Preset]으로 저장하기 위해 [...] 클릭하고, [Save as New Preset]를 클릭한다.

8. [Preset name]을 '어두운곳만 밝게'로 적고 [OK]를 클릭한다.

9. 사진 불러와서 [...] 클릭하고, [Default Preset – 어두운곳만 밝게]를 클릭하면 적용이 된다.

10. [Change Default Preset] 창에서 [Change]를 클릭한다.

11. [HDR] 적용이 된 이미지이다.

[55] Color Warper

Color Warper(컬러 워퍼)는 특정 채도를 조절하기 위한 Hue 기능을 설정하여 휘도 및 밝기에 따라
색상을 왜곡하는 기능이다.
이미지 뷰어에서 색조 범위를 선택하고, 다른 색조 및 채도 포인트로 해당 색조 범위를 드래그한다.

1. 붉은색이 강한 이미지를 불러온다.

2. [Color] 페이지에서 [Color Warper] 클릭한다.

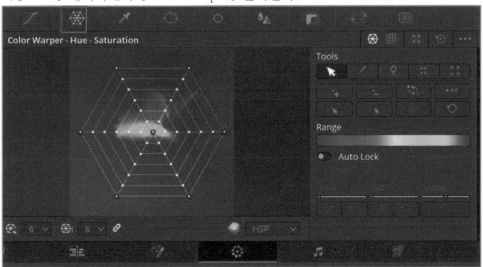

3. [Range]를 클릭하고, 빨간 점을 드래그하고 색상을 조절하여 붉은 색조를 저하시킨다.

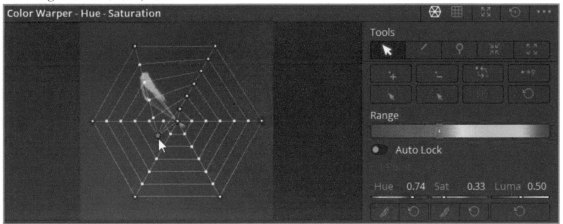

[56] Chroma – Luma

채도(Sat), 빛(Lum), Chroma(색상)

1. [Color Warper]를 클릭하고 [Chroma – Luma]를 클릭한다.

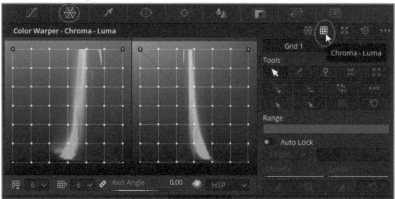

2. 화면을 고정하기 위해 [Grid1]에서 [Select / Pin Row]를 클릭하면 가로선으로 점들이 선택된다.

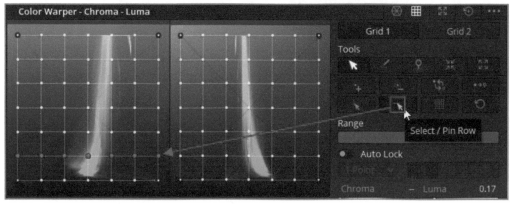

3. [Convert Selected to Pin] 클릭하면 가로 점들이 고정이 된다.

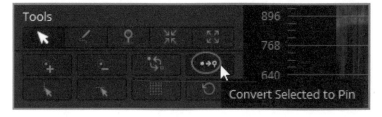

4. 가로 점들은 움직이지 않고 다른 부분만 적용된다. 좌우는 크로마(Chroma), 상하는 루마(Luma)가 적용된다.

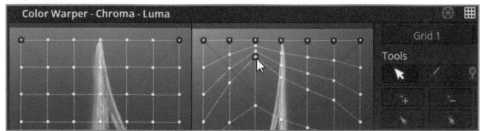

[57] Cut Page(컷 페이지), Sync Bin(싱크 빈) 멀티캠

Cut Page(컷페이지)의 Sync Bin(싱크빈)으로 멀티캠을 편집하여 뮤직비디오 만들기
Cut 페이지는 Edit 페이지 사이를 오가며 편집 도구로 모든 작업을 한 번의 클릭으로 한다.

1. 프로젝트 매니저에서 [New Project]를 클릭한다
2. 하나의 장면(Scene)을 두 개의 카메라로 촬영한 동영상을 [Media Pool]에 불러온다.
3. Bin(빈) 만들기 : [Media Pool]에 불러온 동영상을 모두 선택하고, 우클릭한 후
[Create Bin With Selected Clips]를 클릭한다.

4. [Bin]이 만들어지면, 선택하고 [Sync Clips]를 클릭한다.

5. 오디오에 클립을 맞추기 위해 [Audio]를 선택하고, [Sync]를 클릭한다.

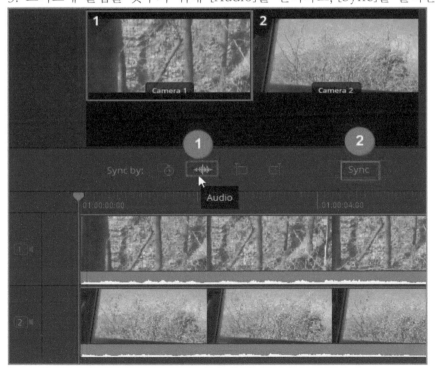

6. 우측 하단에 있는 [Save Sync]를 클릭하여 저장한다.

7. [Master]에 있는 [Bin 1] 폴더를 클릭하여 연다.

8. [Media Pool]의 [Master]에 있는 '멀티캠 11' 소스를 클릭한다.

9. [Master] 창에 있는 '멀티캠 12' 소스를 드래그하여 타임라인으로 이동한다.

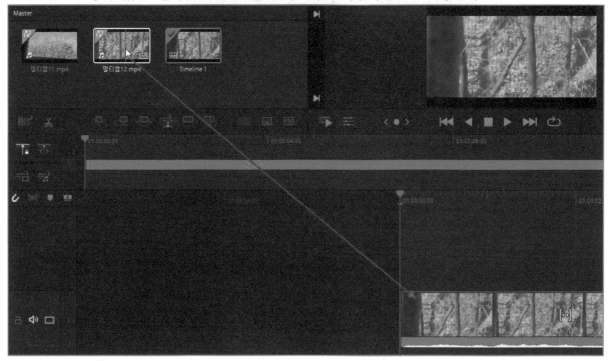

10. 뷰어 창에서 재생을 하고, [Camera1]을 클릭하면,

11. 뷰어 창에 자동으로 5초간의 클립이 선택된다.

12. [Source Overwrite]를 클릭하면,

13. 위 타임라인 클립 위에 새 클립이 덮인다.

14. 동영상으로 만들기 위해 [Quick Export]를 클릭한다. [Quick Export]를 통해서 빠르게 렌더링하여 영상 파일을 만든다. 툴에서 마크인, 마크아웃 등을 활용하여 원하는 부분만 선택해서 영상을 내보내기 한다.

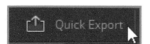

15. 소스 테이프(Source Tape) - 미리 보기 모드
   [Media Pool]에 있는 모든 클립을 미리 볼 수 있는 [Source Tape] 기능(미리 보기 모드) 등을

활용하면 빠르고 쉽게 편집할 수 있다. 상단 타임라인과 하단 타임라인, 트리밍 편집기의 세 공간을 통해 트리밍을 수행한다.

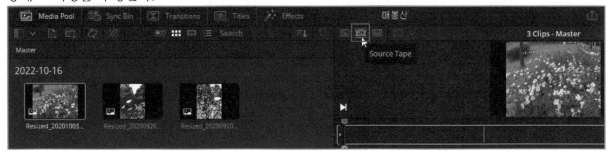

16. Cut Page 인터페이스
　　1) 미디어 풀, 2) 뷰어, 3) 툴바, 4) 상단 타임라인, 5) 하단 타임라인으로 구성
　　툴바는 미리 보기의 재생, 중지, 되감기 버튼 등과 인서트, 덮어쓰기, 트랜지션 버튼 등이 있다.

17. 키보드의 [←/→(좌/우 방향 키)]로 한 프레임씩 좌우로 이동하거나, [↑/↓(상/하 방향 키)] 버튼으로 빨간 줄인 타임 헤드 기준 앞 편집점, 뒤 편집점으로 이동한다. Transitions(트랜지션)도 편집점을 기준으로 효과가 적용된다.

18. 클로즈업 기능 활용
[Tools(툴스)] 버튼에서 **Dynamic Zoom(다이내믹 줌)** 기능을 활용한다. 클로즈업 기능은 클립의 비율을 늘리는 기능이고 다이내믹 줌 기능은 빨간색 박스에서 초록색 박스로 줌인하는 기능이다

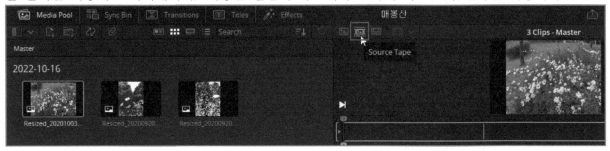

19. 영상에 자막, 타이틀 넣기, 수정은 화면 오른쪽 위쪽에 [Inspector] 버튼을 통해 한다.

20. 도구 기능

　1)　[Smart Insert] : 플레이 헤드가 위치한 부분으로 선택된 클립을 붙여 넣는다.
　2)　[Append] : 타임라인의 가장 우측으로 선택된 클립을 이어 붙인다.
　3)　[Ripple Overwrite] : 클립의 길이만큼 플레이 헤드에 있는 클립을 대체하고 오른쪽에 있는
　　　클립들을 뒤로 밀어낸다.
　4)　[Close up] : 타임라인에 있는 클립 위에 같은 클립을 확대해서 복사, 붙여넣기 한다.
　5)　[Place on Top] : 타임 헤드가 위치한 트랙의 위로 클립을 붙여 넣는다.
　6)　[Source Overwrite] : 소스 클립의 길이만큼 기존의 클립들을 덮어쓴다.

[58] Group Post Clip(그룹 색보정)

비슷한 작업이 필요한 클립끼리 모아 그룹으로 묶어서 하나의 클립을 색보정하면, 전체가 색보정이 된다.

〈Timeline 에서 모두 색보정하기〉
1. 우측 속성 창에서 [Clip]을 [Timeline]으로 변경한다.

2. 노드에서 우클릭하여 [Add Node - Corrector]를 클릭한다.

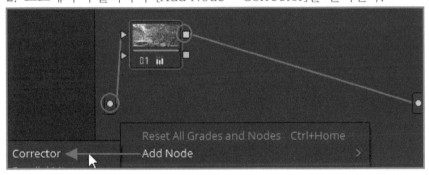

3. 타임라인에서 클립을 초록색으로 색보정하고, 다른 클립을 선택하면 초록색으로 색보정이
되어 보인다.

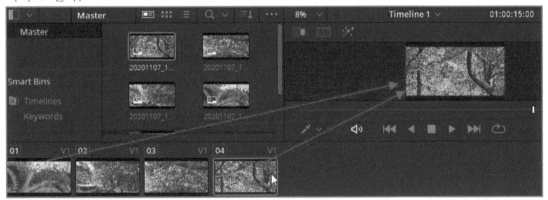

〈Clip 색보정하기〉
Clip 색보정을 하기 위해 클립을 그룹으로 묶어야 한다.
1. 클립을 모두 선택하고,

2. 클립 위에서 우클릭하여 [Add into New Group]을 선택한다.

Add into a New Group

3. [Group Name]을 '가을풍경'으로 적는다.

4. [Clip] 아래를 클릭하여 [Group Post-Clip]을 선택한다. * 앞의 클립을 보정은 [Group Pre Clip]을 클릭한다.

5. 타임라인의 클립을 선택하고 주황색으로 색보정하면, 그룹에 있는 클립만 주황색으로 색보정이 된다.

6. 색보정된 것이 섬네일에 나타나지 않으면, 우클릭하여 [Update All Thumbnails]를 클릭한다.

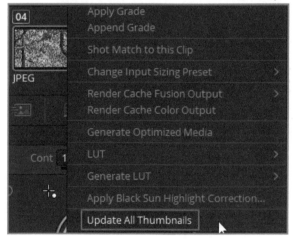

[59] 작업 파일 백업 Media Management

Media Management 는 작업 파일을 백업한다.

1. [파일] 메뉴 클릭하고 [Media Management] 클릭한다.
2. [Media Management]에서 [Entire Project], [Timeline], [Clips] 중 선택하고, [Browse]를
   클릭하여 백업 장소를 선택한다.

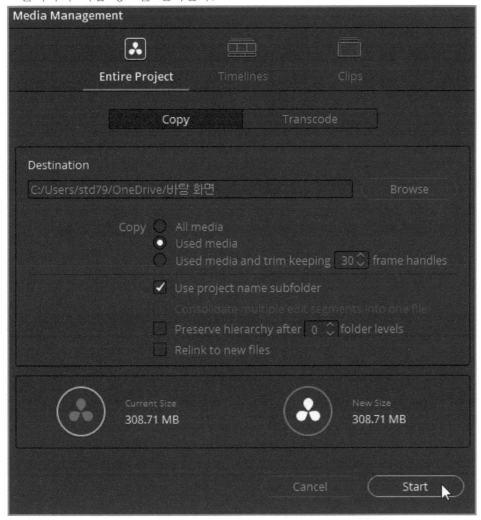

3. 설정 항목
 1) [Entire Project] : 프로젝트 전체 저장(클립, 타임라인 모두)
 2) [Timeline] : [Media Pool]에 들어있는 편집 중인 타임라인만 저장
 3) [Clips] : [Media Pool]에 들어있는 타임라인 외의 파일들 저장
 4) [All media] : 모든 항목을 대상으로 지정
 5) [Used media] : 사용된 항목만 지정

4. [Start] 버튼을 클릭하면 지정된 경로로 백업이 된다.

[60] (fx)Effects-Box Blur

 Box Blur 를 이용하여 영상 일부분에 모자이크를 넣기

1. [Color] 페이지에서 [(fx) Effects]를 클릭하고
2. [Library] 탭 클릭하여,
3. [Resolve FX Blur]를 열어서 [Box Blur]를 드래그하여 노드에 넣고,

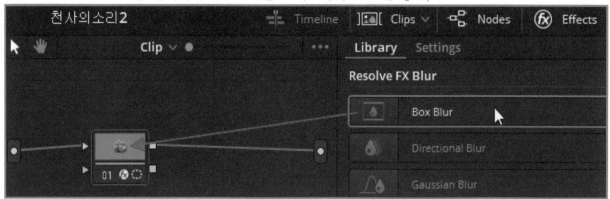

4. [Window]를 클릭하여,
5. 원형 툴을 선택하고
6. 반전(Reverse)을 클릭하면,
7. 선택한 원형에 모자이크가 들어간다.

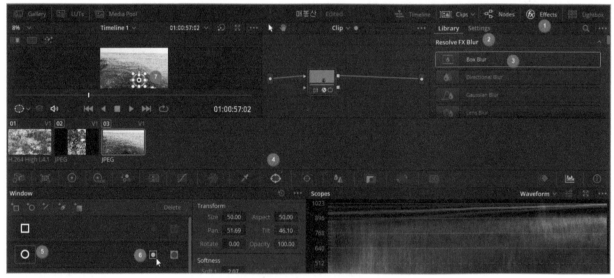

8. 효과 적용 취소하기 : 노드에서 우클릭하여 [Reset All Grades and Nodes(Ctrl+Home)]을 클릭한다.

[61] Project backup(프로젝트 백업)

프로젝트 파일을 보관하기 위해 백업 설정을 확인하고 별도로 프로젝트 파일을 저장한다.

1. [DaVinci Resolve – Preferences(환경설정) – User(사용자) – Project Save and Load(프로젝트
   저장 및 로드)]를 클릭하여 [Live Save], [Project Backup]에 체크하고, [Browse]를 클릭하여
   [Project backup location(백업 위치)]를 정하고, [Save]를 클릭한다.

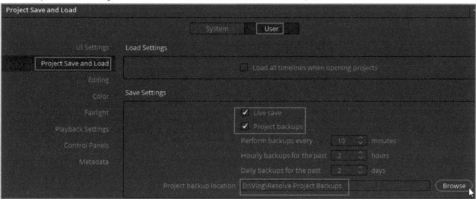

2. Export Project Archive
 1) [Shift + 1] 클릭하여 [Project Management]에서 [Projects]에서 우클릭하여
[Export Project Archive]를 선택한다.

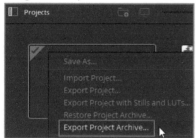

 2) [Export Project Archive] 클릭하여 [Save] 하고,
[Media Files]은 원본 미디어, [Render Cache]는 작업 중에 생성한 Cache 미디어이다.

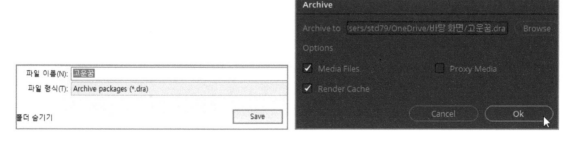

 3) 바탕화면 프로젝트 폴더를 열면 아래와 같이 파일이 들어 있다.

[62] Color Stabilizer

삼각대 없이 영상을 찍을 때 화면 흔들림이 있거나 화면의 색이 고르지 못하면,
Stabilizer 로 색상을 보정한다.

1. 타임라인에서 영상 클립을 클릭한 후에 우측 상단에 [Video] 옵션에서
[Stabilization] 더블 클릭하면 옵션이 나온다.
2. 흔들림 영상을 불러온다.

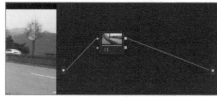

3. 영상 클립을 선택한 상태에서 하단의 [Color] 모드에서 [Tracker]로 들어가
우측에 [Window]를 클릭하고

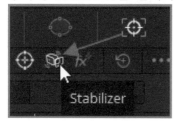

4. [Stabilizer]를 클릭하면, [Analyzing]이 보인다.
[Stabilizer]를 선택하게 되면 창이 바뀌게 되는데 이때, 위에서 설명한 옵션들이 하단에 있는 설정을
한다. [Perspective]는 가장 기본이고 [Similarity]는 흔들림을 부드럽게 만들어 주는 것이다.

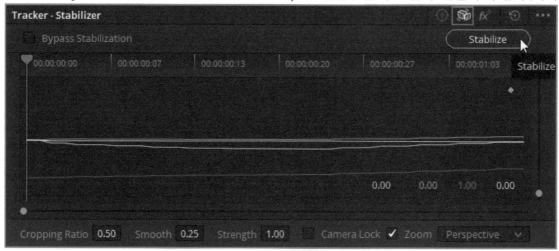

5. [Stabilize] 버튼을 누르면 흔들림 안정화 작업이 진행된다.
* [Edit] 페이지 [Stabilizer]는 Studio 버전에서 작업한다.

[63] Curves 색보정

색보정 곡선(Curves)을 드래그하고, 빨강, 초록, 파란색을 추가하면서 색을 보정하기

1. 커브 그래프는 밝은 영역, 중간 영역, 어두운 영역, 3가지 영역으로 나누어져 있다.
대각선 그래프를 기준으로 아래로 내리면 어둡게, 위로 올리면 밝게 수정이 된다.

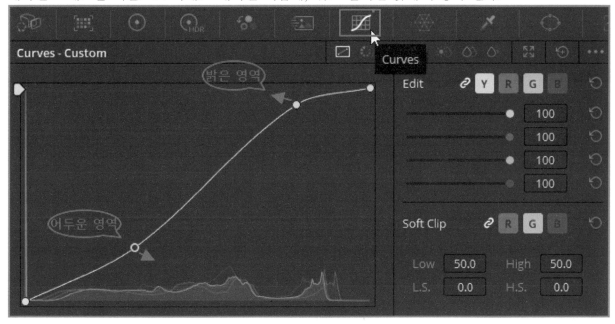

2. S 커브는 밝은 부분은 더 밝게, 어두운 부분은 어둡게 수정되어 콘트라스트 값이 커지게 되면서
입체적으로 수정한다.
색보정에서 S 커브 곡선이 커지면 사진의 콘트라스트 값은 강해진다.

3. 좌측의 RGB 채널별로 커브 값을 수정하여 영역별 색보정도 한다.

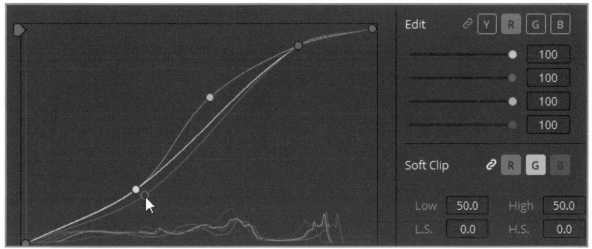

[64] 워크플로 – Normalize, Dynamics, EQ, Presets

Workflow(워크플로)는 Fusion 페이지의 노드 기반의 형식을 말하는 것으로 작업 과정 흐름이다. Normalize 는 작게 녹음된 음원을 전체적으로 크게 하여 파형이 보이게 하는 것이고, Dynamics 는 Expander 와 Compressor 로 잡음을 제거하고, EQ 는 고음과 저음을 조절하고, Presets(프리셋)는 샘플을 만들어 다른 클립에 적용하는 것이다.

1. 잡음이 있는 사운드를 [Edit] 페이지에 불러오고, [Fairlight] 페이지에서 [열기]한다.

2. 사운드 클립을 선택하고 우클릭하여 [Normalize Audio Levels]를 클릭한다.

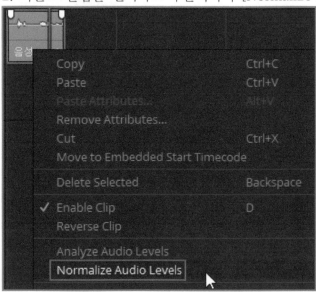

3. [Normalization Mode – ITU-R.BS.1770-4]를 선택하고, [Target Level –1.0 dBTP], [Target Loudness –22]로 설정한 후, [Normalize]를 클릭한다.

4. [Mixer] 창에서 [Dynamics]를 더블클릭한다.

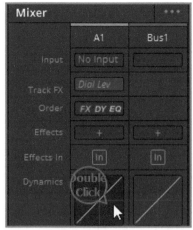

5. [Focus Mode]를 선택하고 잡음이 있는 부분을 드래그하여 선택한다.

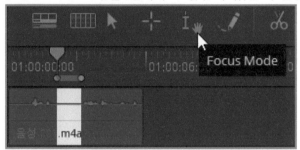

6. [Loop]를 클릭하고 [Alt + /]를 눌러서 잡음 선택한 부분을 반복해서 재생한다.

7. [+]를 클릭하여 [Meeting - Meter]를 클릭하고, 수치(-33.1)를 확인한다.

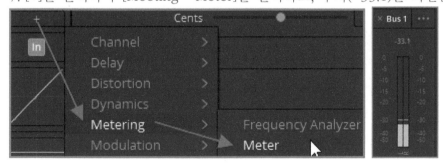

8. [Dynamics]를 더블클릭하고,
 1) [Expander]를 클릭하여 [Threshold] 값을 [-33.1] 값보다 크게 설정하고 소리를 들으면서 조절한다.
 2) [Compressor]를 선택하고 [Ratio] 값을 3:1 로 하고, [Expander]의 [Ratio] 값을 잡음이 조절한다.
 3) [Make Up]의 바를 위로 올린다.

9. [Equalizer]

1) EQ(Equalizer)를 더블클릭한다.

2) [Equalizer Type – Fire]를 선택하고,

3) [Band1]를 선택하고 [Frequency]를 74로 하여 High-Pass Filter(불필요한 저역대를 줄여 목소리 명확히 함).

4) [Band6]를 선택하고 [Frequency] 14k9로 하여 Low-Pass Filter(목소리와 관계없는 고음 줄임).

5) [Band2]의 곡선 점을 드래그하여 뒤로 이동하여 값을 설정한다.

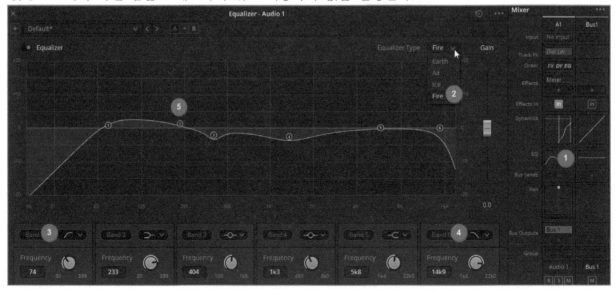

10. Presets(프리셋) 만들어 적용하기

1) [Fairlight] 메뉴의 [Presets Library]를 클릭한다.

2) [Presets Library] 창의 [Filter by - Global Track Presets] 클릭하고, [Audio 1] 선택한 후, [Save]

3) [Preset name]을 'Voice over' 적고, [OK]한다.

4) [Edit] 페이지에 잡음이 있는 소스를 불러오고, [Filter by - Global Track Presets]을 클릭하고, [Audio 1]을 클릭하고, [Apply]를 클릭하면 잡음이 제거된다.

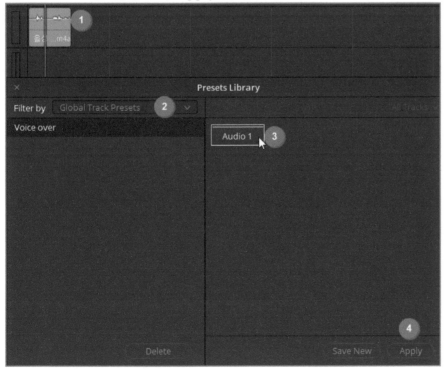

[65] Dialogue Leveler(레벨 평준화)

Dialogue Leveler(레벨 평준화)는 보이스와 백그라운드 사운드가 동시에 잡힐 경우,
낮은 보이스를 높이고 백그라운드 사운드(소음)를 낮추는 것으로, 레벨 평준화하기

1. 마이크 거리가 다른 곳에서 녹음한 음성을 [Edit] 페이지에 불러온다. [Fairlight] 페이지로 이동하고,

2. 클립을 선택하고 [Inspector] 클릭한 후, [Audio] 탭에서 [Dialogue Leveler]를 클릭하면,
   클립이 [fx]로 바뀐다.

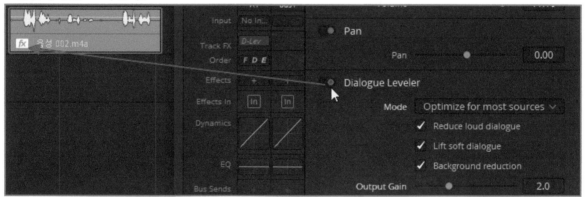

3. [Dialogue Leveler]를 선택하고, Mode 를 [Optimized for most sources]로 체크한다.

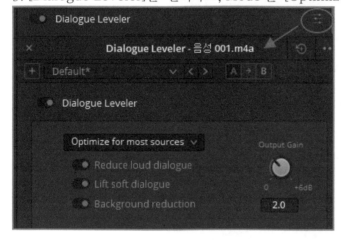

   1) [Reduce loud dialogue] : 큰 소리를 작게 한다.
   2) [Lift Soft dialogue] : 소프트한 대화를 들어 올리는 옵션으로, 낮은 대화 라인을 더 잘 들리게 한다.
   3) [Background reduction] : 배경음악을 작게 한다.
   4) [Output Gain]을 올리면 소리가 커진다.

[66] 목소리 녹음 내보내기

녹음 설정하고, 목소리 녹음, 오디오 파일 내보내기

1. [DaVinci Resolve] 메뉴의 [Preference(Ctrl+,)]를 클릭하고, [Video and Audio I/O]의
[Input device]를 [마이크(USB)]로 선택한다.   *USB 마이크를 사용할 경우 선택

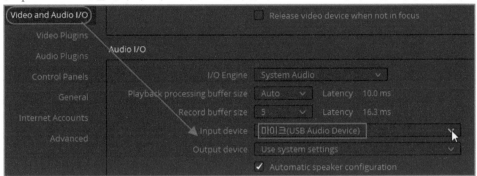

2. [Fairlight] 메뉴의 [Patch Input / Output]을 클릭하고,
   ① [Audio Inputs]의 마이크를 선택하고,
   ② [Destination]의 [Track Input] 선택한 후,
   ③ [v1]을 클릭한다.

3. 오디오 트랙을 추가하고, [v1] 트랙의 [R]을 클릭하여 마이크 테스트하고 [Record] 클릭하여
녹음을 한다.

4. [Delivery] 페이지에서 [Audio Only], [Audio], [Format], [Codec]을 선택하고,
[Add to Render]를 클릭한다.

[67] 오디오 더킹(Audio Ducking), Normalize, True Peak

목소리에 배경음악의 볼륨을 자동 조절하기

1. [Edit] 페이지에서 목소리는 오디오 트랙 1에, 배경음악은 오디오 트랙 2에 넣는다.

2. 배경음악을 선택하고 우클릭하여 [Normalize Audio Level]을 클릭하고,
   [Normalization Mode – ITU-R.BS.1770-4] 선택하고, [Target Level -2.00],
   [Target Loudness -14]로 설정하고, [Normalization Mode – True Peak]을 선택하고,
   [Target Level -2.00]을 선택하고, [Normalize]를 클릭한다.

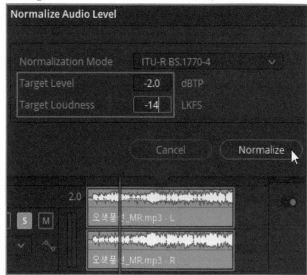

3. [Mixer] 클릭하고, [Dynamics] 영역을 더블클릭한다.

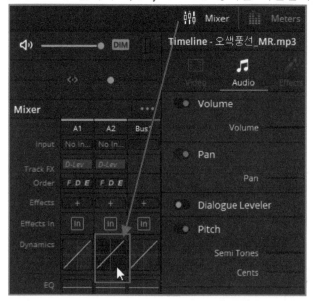

4. 목소리 클립을 선택하고, [Compressor]를 켜고, **[Dynamics]**를 더블클릭하여 [Send]를 클릭한 후 창을 닫고, 배경음악 클립 선택하고 [Listen] 누르면 목소리 트랙과 연계가 된다.

5. [Dynamics]를 더블클릭하고, [Compressor] 옵션 설정하기

1) [Compressor]는 오디오의 다이내믹 레인지를 줄이는 역할을 한다.
2) [Threshold]는 음성을 감지하여 배경음악을 압축하는 역할을 한다.
3) [Ratio]는 압축 비율로 비율이 높으면 잘리는 부분이 많아진다. 4:1 이면 75%가 잘린다.
4) [Threshold(-50)]를 낮추면 [Ratio(2.5:1)]도 그만큼 낮춘다.
5) [Attack : 0.7]
6) [Hold]는 음악이 튀어 오르는 것을 막는다. 1 초(1000ms)가 좋다
7) [Release]는 원래 음악으로 돌아오는 시간이다. 1 초(1000ms)가 좋다

6. [Delivery] 페이지에서 [Audio Only]를 선택하고, [Browse], [Audio], [Format - Wave],
   [Codec - PCM]을 선택하고, [Add to Render]을 클릭한다.

7. Presets(프리셋) 만들어 적용하기
[Fairlight] 메뉴의 [Presets Library] 클릭하고, Presets Library 창의 [Filter by-Global Track
Presets], [Audio 1] 클릭하여 선택하고 [Save New]를 클릭하고, [Presets name]을
'AudioDucking' 적고, [OK] 한다.

[68] Lightbox 색보정, Keywords

Lightbox 는 클립을 속성별로 보관하고 관리한다. 색보정하고, 마커로 키워드 만들어 검색하기.

1. [Edit] 페이지에서 소스를 넣고 [Color] 페이지로 이동하여 우측 상단의 [Lightbox]를 클릭한다.

2. 클립의 크기를 줄인다.

3. Keywords
 1) 클립을 ① 다 선택하고, ② 마커 클릭하여, ③ Rose 선택하여 입력한다.

 2) 클립마다 ① Marker(마커)를 더블클릭하고, ② [Keyword]에 'Sea' 적고, ③ [Enter]를 누른다.

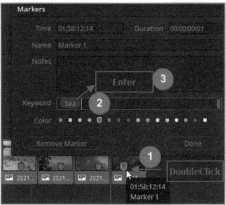

 3) [Color] 페이지 이동하면, [Keywords]에 'Sea' 생기고, 클릭하면 키워드 적은 클립만
    [Lightbox]에 보인다.

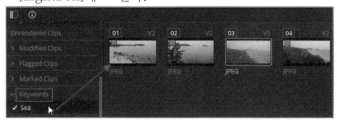

[69] Log Wheel(로그 휠)

Log Wheel 은 밝기의 범주를 나누어서 원하는 부분만 밝기를 조절하는 것으로, 프라이머리 휠을 써서 전체적인 밝기를 조절하고 나서 디테일하게 조절한다. Primaries Wheels(프라이머리 휠) 대신 Log(로그)를 선택하면 색의 무게감을 준다.

1. [Color] 페이지의 [Color Wheels]를 클릭하고, [Log Wheels]를 클릭하면, [Shadow], [Midtone], [Highlights], [Offset] 휠이 보인다.

2. [Log Wheels] 표시
 - Shadow(섀도) : 어두운 부분의 색보정
 - Midtone(미드톤) : 중간 부분의 색보정
 - Highlights(하이라이트) : 밝은 부분의 색보정
 - Offset(오프셋) : 전체적인 색보정
 - Contrast(컨트래스트) : 색과 빛의 대비
 - Sat(샛) : 흑백과 컬러 사이의 강도, 채도, Sat 가 0 이면 흑백
 - Hue(휴) : 붉은색과 푸른색 이동

3. [Color Wheels] 표시
 - Lift(리프트) : 어두운 부분 조절
 - Gamma(감마) : 중간 부분 조절
 - Gain(게인) : 밝은 부분 조절
 - Offset(오프셋) : 전제적인 조절
* 어두운 십자(Pick Black Point) 표시와 밝은 십자(Pick White Point) 표시는 어두운 곳과 밝은 곳의 기준을 정한다.

[70] Subclip(서브클립), Bin

서브클립 만들어 빈폴더에 넣고 편집하기

1. 원본 클립을 미리 보기 창에서 [In(단축키 : I)], [Out(단축키 : O)] 클릭하여 미디어 풀에 드래그하여 서브클립을 만든다.

2. 클립 이름 변경 : 우클릭한 후 [Clip Attributes - Name]에 적는다.

3. 서브클립을 선택하고 우클릭한 후 [Create Bin With Selected Clips]를 클릭하면, [Bin 1] 폴더가 생긴다.

4. 클립을 타임라인에 이동하여 늘리려면, 클립을 선택하고 우클릭하고 [Edit Subclip] 선택하고 [Use full clip extents]에 체크한 후, [Update] 클릭한다.

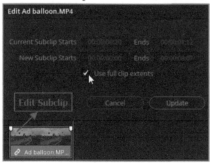

[71] 부분, 각각 렌더링

긴 동영상을 각각의 클립으로 나누고, 각각 혹은 특정 부분을 출력(Rendering) 하기

〈Cut 페이지에서 부분 렌더링하기〉

1. [In(단축키 : I)], [Out(단축키 : O)] 클릭하여 범위가 선택되면,

2. [Quick Export]를 클릭하고, [Export] 클릭한 후, [Save]를 클릭하여 저장하여 내보내기 한다.

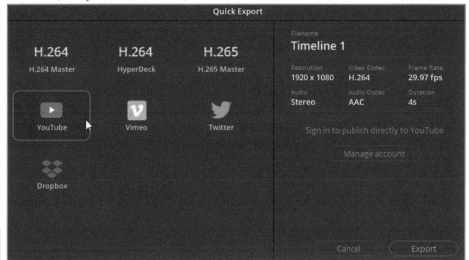

〈Edit 페이지에서 클립 내보내기〉

클립을 선택하고 우클릭하여 [Render in Place] 선택하고, [Render]을 클릭한다.

〈Deliver 페이지에서 렌더링 하기〉

1. [Edit] 페이지에서 동영상을 자르고, [Deliver] 페이지로 이동한다.

2. [Render Settings] 창의 [Custom Export] 클릭하고, ① [Browse]에서 저장 위치 정하고, ② [Individual Clips]에 체크하고, ③ [File] 클릭하고, ④ [Use unique filenames]에 체크하고, ⑤ [Add to Render Queue]를 클릭하고, ⑥ [Render All] 클릭하여 내보내기 한다.

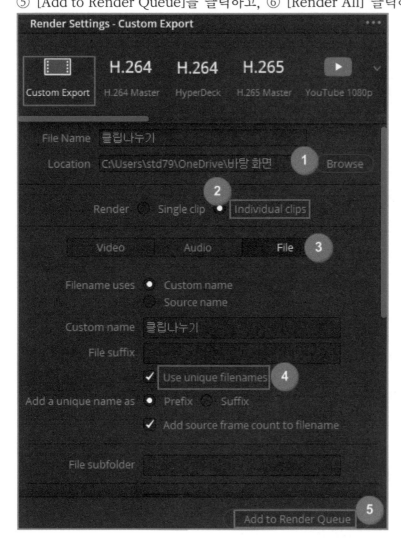

* [Single Clip]는 전체 클립을 렌더링한다.

3. 특정 부분 렌더링 하기 : 클립 선택하고 우클릭한 후, [Render This Clip]을 클릭한다.

[72] 정지 화면 만들기

동영상에서 오디오는 살리고, 동영상의 일부분을 정지 화면으로 만들기

1. [Edit] 페이지에서 동영상에서 오디오를 분리하여 살리기 위해 우클릭하여
   [Link Clips(Ctrl + Alt + L)] 클릭하여 해제한다.

2. 영상에서 한 프레임만 잘라내기 위해 방향 키로 한 프레임을 움직이고, [Ctrl + B]를 눌러서 잘라내고,
뒷부분 영상만 선택해서 [Ctrl + X] 또는 [←BackSpace]를 눌러서 뒷부분 영상을 제거한다.

3. 정지 화면 만들기
 1) 자른 클립에서 우클릭하여 [Change Clip Speed]를 클릭하고, [Freeze Frame]에 체크를 하고
   [Change]를 클릭하면 정지 화면이 된다.
 2) 영상의 길이를 늘리기 위해 영상을 선택하고 [Change Clip Duration(Ctrl + D)]을 클릭하고,
   3 초(00:03)를 입력한 후 [Change]를 클릭한다.

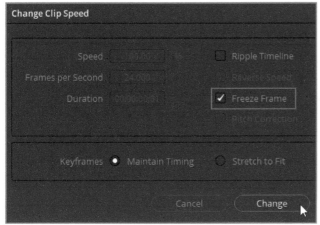 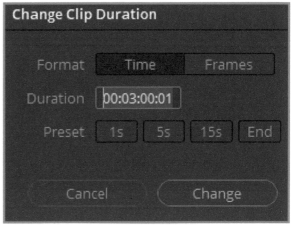

[73] Project Settings, Timeline Frame Rate

1. [File – Project Settings]를 클릭하여 [Timeline Fame Rate]를 24fps 설정하고, 불러올 원본파일이 30fps 이면, [Change Project Frame Rate?] 창을 보여준다.

2. [Don't Change]를 선택하면 불러오는 원본 영상의 프레임을 무시하고, 프로젝트 세팅 초기 값(24fps)으로 변경하여 사용하는 것이다. 숏폼같이 화질에 구애 없이 정보 전달에 많이 사용한다.

3. [Change]를 선택하면 초기 값(24fps)을 무시하고, 원본 영상의 프레임(30fps)으로 프로젝트 프레임을 변경하는 것이다. 브이로그에서 핸드폰 촬영하는 경우에 많이 사용한다. 미리 보기 창에서 볼 때 영상 프레임이 맞지 않으면, [Project Settings]에서 프레임을 30fps 으로 변경하고 [Save]한다.

[74] Reset UI Layout 초기 세팅

다빈치 리졸브 사용 후 메뉴와 창을 정돈하기 위해, [Reset UI Layout] 누르면, [Color] 페이지의 [Curves – Custom] 창이 처음 상태로 보인다.

1. 아래와 같이 [Color] 페이지에서 열린 도구 창을 다시 처음 상태로 돌리려면,

2. [Color] 페이지에서 메뉴 [Workspace]의 [Reset UI Layout]을 클릭한다.

3. 다빈치 리졸브를 재실행하면 처음 세팅한 초기화면이 열린다.

[75] 프리뷰(Preview) 모드 화면 이동

소스를 미디어 풀(Media Pool)에 불러와서 프리뷰(미리 보기) 창에서 원하는 부분을 타임라인에 불러오기

1. [Media Pool(미디어 풀)]의 소스(동영상 파일)를 더블클릭하면 프리뷰에 보이고, 소스에서 마우스로 좌/우로 이동하여 원하는 위치를 프리뷰에서 찾는다.

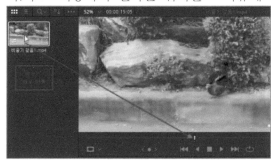

2. [Edit] 페이지 프리뷰에서 재생하면서 [I], [O]로 범위를 정하고, 화면을 드래그하여 타임라인으로 이동한다. 비디오를 드래그하면 영상만 이동하고, 오디오를 드래그하면 사운드만 타임라인으로 이동된다.

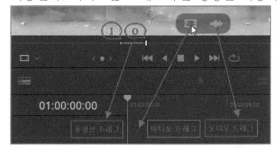

3. 구간을 정하여 타임라인에 드래그하면, 프리뷰 옆에 타임라인 프리뷰가 생기고,

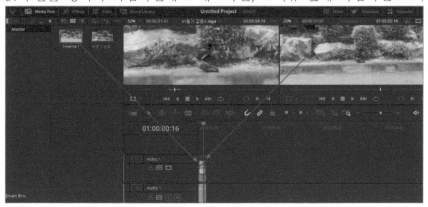

4. 우측 상단의 [Metadata(메타데이터)]를 클릭하면, 프리뷰에 [Timeline] 창만 보인다.

5. [Zoom to Fit(Shift + Z)]를 클릭하면, 컴퓨터 화면 크기에 따라 타임라인에 확대되어 보인다.
6. [Enhanced Viewer(Viewer Actual Size)] : 타임라인 선택하고 [Alt + F] 누르면 미디어 풀 창이 보인다.
7. [Cinema Viewer(Ctrl + F)]를 클릭하면 화면이 확대되어 보이고, 다시 [Ctrl + F]를 누르면 이전 창이 보인다.

[76] Dynamic Trim Mode

다이내믹 편집모드(Dynamic Edit Mode)는 셀렉션, 블레이드 모드가 동시 적용하는 것으로 타임 마커를 기준으로 [J] ,[K] ,[L] 단축키를 이용하여 클립의 크기, 이동, 슬립(Slip), 슬라이드(Slide)를 동시 적용한다.

〈가운데 클립 트리밍하기 - Slip 모드〉

1. [Edit] 페이지에 동영상 클립을 3 개 불러와서 가운데 클립을 트리밍하기 위해
[Dynamic Edit Mode(Slip - W)]를 클릭하고, 가운데 클립 앞에 아래 아이콘이 보일 때 클릭한다.

2. [L] 키를 누르면, 공간이 생기고, [J] 키를 누르면 복구된다. 가운데 클립 끝부분 클릭하여
　[J] 키를 누르면

3. 끝부분이 트리밍된다.

4. 가운데 클립 앞에 클릭하고 [J] 키를 누르면,

5. 좌측 클립의 공간이 없이 가운데 클립 앞부분이 트리밍된다.

5. 좌측 클립의 공간이 없이 가운데 클립 앞부분이 트리밍된다.

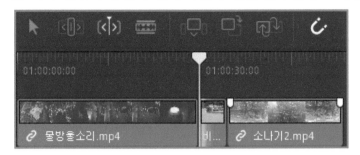

〈좌우 클립 트리밍하기- Slide 모드〉

1. 좌측의 앞과 우측의 뒤의 클립 부분을 트리밍하고,

2. [Dynamic Edit Mode(Slide - W)]를 클릭하고 [L] 키를 누르면 가운데 클립의 길이는 그대로,
   우측 클립의 앞부분은 줄어든다.

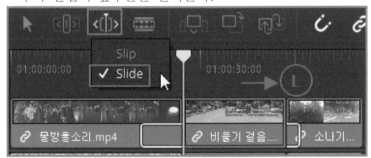

3. 가운데 클립 앞에 선택하고 좌우로 드래그하면, 가운데 클립 길이는 변하지 않고,
   좌측과 우측 클립의 길이가 줄어든다.

[77] 인터페이스, Scrubbing(스크러빙)

Viewer(뷰어)는 편집하지 않은 소스 뷰어와, 편집 클립을 보여주는 타임라인 뷰어로 나눈다.

1. 메뉴, 단축키, 마우스 활용하기
 1) 마우스 포인터를 인터페이스의 특정 부분으로 가져가면 마우스 포인터가 자동으로 바뀐다.
 2) 마우스 포인터를 경계선으로 가져가면, 포인터가 수직 모양의 리사이즈 포인터로 바뀐다.

2. 뷰어에서 클립 재생하기 : 뷰어 창은 클립을 재생하며, 편집을 위해 마크 작업을 진행한다.

 1) [L] 키를 누르면 재생하고, [L] 키를 더 누를 때마다 클립의 재생 속도는 더 빨라진다.
 2) [K] 키를 누르면 재생이 정지된다.
 3) [J] 키를 누르면 역방향으로 재생하고, 누를 때마다 속도는 더 빨라진다.

3. 클립 이동하기 : 클립을 선택하고 [Alt] 키를 누르고 상 방향키(↑)를 누르면 위로 이동한다.

4. 플레이 헤드를 이동하기
 1) 화살표 위(Home) 키를 누르면, 플레이 헤드가 첫 프레임(Head)으로 간다.
 2) 화살표 아래 키를 누르면, 마지막 프레임(Tail)으로 간다.
 3) Shift 누르고 [←/→(좌/우 방향키)]를 누르면, 1 초 단위로 이동한다.
 4) [Jog Wheel] 위에서 마우스 휠로 플레이 헤드를 이동한다.

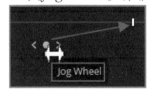

5. Scrubbing(스크러빙) 뷰어에서 플레이 헤드로 사운드 안 나오게 들으려면,
[Time - Audio Scrubbing(Shift+S)]을 누른다.
[Show Zoomed Audio Waveform] 선택하면 소스 뷰어창에 오디오 파형이 보인다.

6. 인터페이스는 미디어 풀, 뷰어, 툴바, 타임라인, 속성창(Mixer, Metadata, Inspector)이 있다.

[78] 클립 편집과 이동, 인디케이터 이동

1. [Edit] 페이지에 동영상 파일 3 개를 불러온다.
2. [Blade Edit Mode(단축키 B)]를 클릭하여 마우스 커서로 자를 부분을 클릭하면 클립이 절단된다.
3. 클립 이동
 1) 클립을 선택하고 우측 상단의 [Metadata]를 클릭하여 29.970fps 이면, 1 초에 30 프레임
   이동하는 영상이다.

 2) 클립을 선택한 후, [+]를 누르고 '90'을 넣고 [Enter]를 클릭하면 90 프레임('03:00') 클립이
   이동된다.

4. 인디케이터 이동
 1) [Shift + →(우방향키)]를 누르면 인디케이터가 1 초(30 프레임) 씩 오른쪽으로 이동한다.

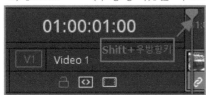

 2) 클립을 선택하고 [↑(상 방향키) : Shift + I]를 누르면, 클립 사이의 처음으로 인디케이터가
이동하고, [↓(하 방향키) : Shift + O]를 누르면 클립의 끝으로 인디케이터가 이동한다.
* 단일 클립에서 인디케이터 이동은 [;] 키로 클립 처음, ['] 키로 클립 끝으로 이동한다.

5. 클립 자르기 : 마커를 넣고, 'Shift + ['를 누르면 왼쪽 부분이 트림되고, 'Shift +]'를 누르면
오른쪽 부분이 트림된다. 마커를 넣고, [Alt + X]를 누르면 마커가 해제된다.

[79] 반응형 자막 배경 - Shading

Text+로 자막에 따라 길이가 자동 조절되는 반응형 자막 배경을 만들고, 효과 넣고 저장하기

1. [Effects]를 클릭하고 [Toolbox]의 [Titles]의 [Text+]를 골라서 타임라인에 올려놓는다.

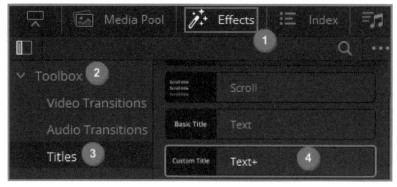

2. [Text+] 클립을 선택하고, [Inspector]에서 자막을 수정하기 위해 [Shading]으로 이동하여 [Text+]의 색과 테두리, 배경, 그림자 등을 넣는다. [Select Element]에서 1~8 숫자 중 1 번에는 기본 글자의 색을 변경한다.

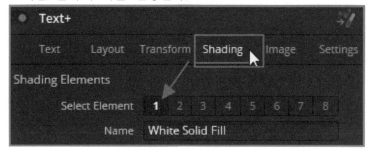

3. 한글 자막을 넣고, [Font]에서 [Hancom MalangMalang]을 선택하면 글자가 깨지지 않게 보인다.

4. [Select Element]에서 2 번을 선택하고 [Enabled]를 체크하면 메뉴가 나타나 테두리를 넣을 수 있다.

5. 반응형 자막 배경을 만들기 위해서 [Appearance]에서 세 번째, [Border Fill]을 선택하면, 테두리가 아니라 자막에 배경을 넣는다. 전체적인 배경이 아닌 음절마다 끊어져 있을 때 [Level]에서 [Text]를 선택하면 전체적으로 자막에 배경이 나타난다.

6. 자막을 [Alt] 키를 누르고 마우스로 드래그하면 복사가 된다.

7. 자막을 수정하면 자막에 따라서 길이가 조절되는 배경이 완성된다. 같은 식으로 작업을 하면서 자막 내용을 바꾼다. 2 번은 테두리를 넣고, 3 번은 그림자(Black Shadow)를 넣는다.

8. [Select Element]의 4 번은 자막에 배경을 넣고, 테두리와 그림자를 넣고 반응형 배경을 만들려면, 4 번을 체크하고 [Level]에서 [Text]를 선택한다.

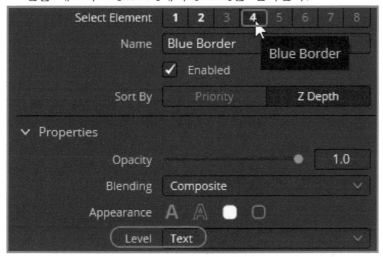

9. [Macro]를 저장하여 다른 자막 클립에 활용하기

1) [Fusion] 페이지로 이동하여 [Template] 노드의 우클릭에서 [Macro - Create Macro]를 선택한다.

2) 아래와 같이 설정하고 [Close]하고, [Change?] 창이 나오면 [Yes] 한다.

3) [Fusion] 페이지로 이동하여 [Template] 노드 우클릭한 후, [Macro - Macro Tool1]을 선택하여 적용한다.

[80] 영상 수평 맞추기(Grid, Rotation Angle)

기울어진 영상을 수평으로 맞추기 위해 [Grid]를 넣고, [Rotation Angle]로 수평을 잡는다.

1. 기울어진 영상을 불러와서 보일 영역을 표시하기 위해 [Safe Area]를 [On]으로 선택하고,

2. Grid
 1) [Effects – Filters]의 [Grid]를 타임라인에 드래그하여 넣는다.

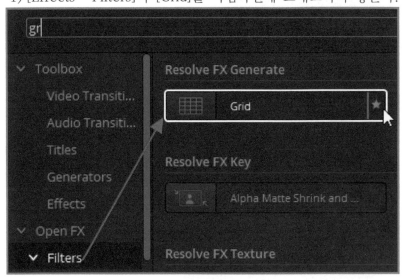

 2) [Inspector]의 [Effects]에서 [Grid] 선택을 해제하여 그리드를 제거한다.

 3. 영상을 선택하고 우측 상단의 [Inspector(인스펙터)]를 열고 설정 창 [Transform] 카테고리에서 [Rotation Angle(로테이션 앵글)]을 돌린다.

* [Inspector] 패널에서 [Alt]를 누르고 드래그하여 기울기를 세밀하게 설정한다.

4. 화면이 육각형 모양이면, 잘려서 보이지 않는 부분을 [Transform] 카테고리의 [Zoom(줌)]으로 조정한다. '1.09'로 하면, 직사각형이 된다. X 값과 Y 값 사이의 사슬을 해제하지 않고, [Pitch], [Yaw]로 외곽선 모양을 수정한다.

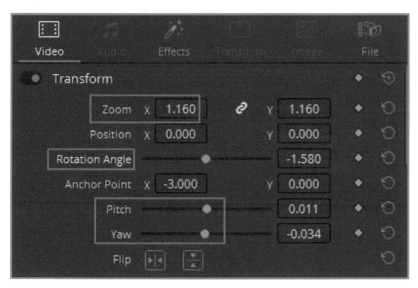

5. 수평이 완성된다.

[81] 화면 부분확대, Crop

도구 모음에서 Crop으로 화면 특정 부분을 확대하기

1. [Edit] 페이지에서 클립을 [Ctrl + B]로 자르기 하고, 비디오 클립을 선택하고 [Alt + 드래그]하여 위 트랙으로 비디오 클립을 복사하고,

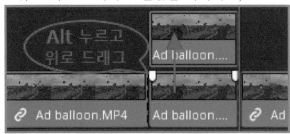

2. 타임라인에서 비디오 클립 선택을 해제하고

3. 프리뷰의 도구 모음에서 [Crop]을 선택하고,

4. [Inspector]의 [Transform]에서 [Zoom]으로 확대한다. 영상이 움직이면 [Transform] 도구로 이동한다.

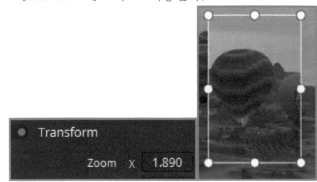

[82] Blanking Fill 배경 여백 흐리게 하기

빈 공간(여백)을 영상으로 채워 배경으로 사용하기 위해 Blanking Fill 로 여백(빈 공간)을 흐리게 한다.

1. 세로 영상을 불러와서 타임라인에 불러오면 화면 배경의 여백이 검은색으로 보인다.

2. [Effects - Video - Resolve FX Stylize - Blanking Fill]을 클릭하거나

3. [Effects]를 클릭하여 검색에서 [Blanking Fill]을 찾아서 끌어다 타임라인에 올리면, 여백이
   사진 배경을 흐리게 하여 검은색을 채운다.

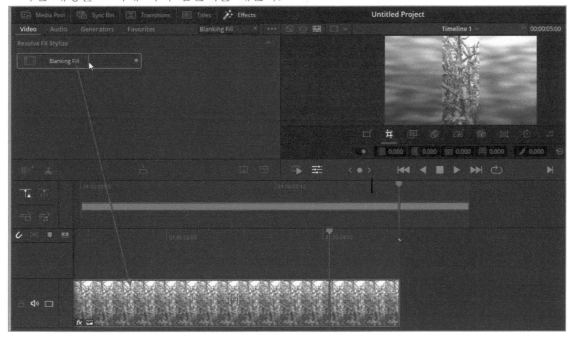

4. 여러 장 사진에 효과 넣으려면 사진을 다 선택하고,
   [Effects - Open FX - Resolve FX Stylize] 클릭하고, [Blanking Fill]를 드래그하여 사진 위에
   올린다.

5. Blur Background

우측의 [Inspector] 창에서 [Effects – Open FX]를 클릭하여 [Blur Background]의 수치를 조절한다.

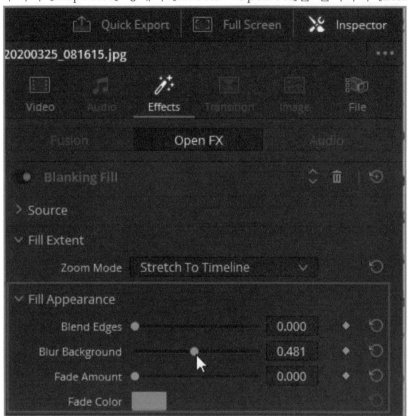

나
혼자
영상
만들기

DaVinci Resolve 18
다빈치 리졸브 18

발행인 최우진
발행일 2023년 11월 20일
저자 송택동
편집 · 디자인 편집부
발행처 그래서음악(somusic)
출판등록 2020년 6월 11일 제 2020-000060호

ISBN 979-11-92447-85-8(13000)

©2023 SOMUSIC All rights reserved.
이 책의 무단 전재와 복제를 금합니다. 파본은 구입하신 곳에서 교환해 드립니다.

이 도서의 국립중앙도서관 출판예정도서목록(CIP)은
서지정보유통지원시스템 홈페이지(http://seoji.nl.go.kr)와
국가자료종합목록 구축시스템(http://kolis-net.nl.go.kr)에서 이용하실 수 있습니다.